Patriarchy of the Wage

임금의
가부장제

Patriarchy of the Wage: Notes on Marx, Gender, and Feminism
by Silvia Federici
Copyright © 2021 PM Press
All rights reserved.

No part of this book may be used or reproduced in any manner whatever without written permission except in the case of brief quotations embodied in critical articles or reviews.

Korean Translation Copyright © 2025 by ECO-LIVRES Publishing Co.
Korean edition is published by arrangement with PM Press through BC Agency, Seoul.

이 책의 한국어판 저작권은 BC 에이전시를 통해 저작권자와 독점 계약한 에코리브르에 있습니다. 저작권법에 의해 한국 내에서 보호를 받는 저작물이므로 무단 전재와 복제를 금합니다.

임금의 가부장제
젠더, 재생산 그리고 커먼즈

초판 1쇄 인쇄일 2025년 6월 13일   초판 1쇄 발행일 2025년 6월 20일

지은이 실비아 페데리치 | 옮긴이 안숙영
펴낸이 박재환 | 편집 유은재·신기원 | 마케팅 박용민 | 관리 조영란
펴낸곳 에코리브르 | 주소 서울시 마포구 동교로15길 34 3층(04003) | 전화 702-2530 | 팩스 702-2532
이메일 ecolivres@hanmail.net | 블로그 http://blog.naver.com/ecolivres | 인스타그램 @ecolivres_official
출판등록 2001년 5월 7일 제2001-000092호
종이 세종페이퍼 | 인쇄·제본 상지사 P&B

ISBN 978-89-6263-312-2 03300
ISBN 978-89-6263-277-4 (세트)

책값은 뒤표지에 있습니다.   잘못된 책은 구입한 곳에서 바꿔드립니다.

임금의 가부장제

실비아 페데리치 지음 | 황성원 옮김

● 계명대학교 여성학연구소 ● 전환의 시대와 젠더 번역총서 ● 3

젠더, 재생산
그리고 커먼즈

이 역서는 2022년 대한민국 교육부와 한국연구재단의 지원을 받아 수행된 연구임 (NRF-2022S1A5C2A02090708).

차례

서문 007

1 부엌으로부터의 저항 계획 017
2 자본과 좌파 043
3 마르크스 《자본론》에서의 젠더와 재생산 055
4 마르크스, 페미니즘 그리고 커먼즈의 구성 079
5 혁명은 집에서 시작된다 111
6 19세기 영국 가사 노동의 구성과 임금의 가부장제 137
7 미국과 영국 성 노동의 기원과 발전 153

주 177
참고문헌 211
옮긴이의 글 225
찾아보기 231

서문

마르크스의 《자본론》 출간 150주년 축하 행사는 마르크스 정치 이론의 지속적인 힘을 보여주었으며, 그의 작업을 연구하는 데 평생을 바친 학자뿐만 아니라 장기적인 자본주의의 위기로 보이는 것에 이끌린 젊은 활동가들을 한자리에 모았다. 이러한 위기의 신호는 2008년 거의 붕괴할 뻔했던 세계 금융 체제, 감소하는 성장률, 그리고 일부에서는 1929년 대공황보다 더 가혹할 것으로 예상하는 코로나19 전염병의 경제적 결과에 관한 끔찍한 예측이었다.

페미니스트 사이에서도 마르크스에 대한 관심이 부활하고 있다. 더러는 사회적 재생산 위기가 심화했기 때문이고, 또 더러는 과거의 탈근대적 경향에 대한 반작용, 즉 폭넓은 사회 이론을 거부하고 문화적 다양성을 강조함으로써 자본주의적 관계에 비판을 제기하는 페미니스트로서 우리의 능력을 축소하는 경향에 대한 반작용 때문이다.

마르크스에 대한 페미니스트적 귀환이 보여준 것은 그의 방법론과 자본주의 비판이 자본주의 사회에서 여성 착취를 분석하는 데 없어서는 안 될 기반으로 여전히 남아 있다는 얘기다. 실제로 마르크스 시대를 거치며 자본주의가 겪은 변화 이후에도 《자본론》이나 《정치경제학 비판 요강》으로 고개를 돌리지 않고는 현대의 사회적 현실을 이해하기 어렵다. 마르크스는 자본주의 체제 전체를 사유하고 그 재생산을 추진하는 논리를 이해하는 데 필수적인 언어와 범주를 우리에게 제시한다.

페미니스트는 예를 들어 노동력 재생산에 대한 마르크스의 분석을 차용하고 이를 확장함으로써, 마르크스에게는 부재했지만 그럼에도 자본가의 잉여 노동 추출과 계급 투쟁의 재생산 모두에 결정적으로 중요한 활동을 포함시켰다.

하지만 마르크스에 대한 반식민주의적·반인종주의적 비판 못지않게, 페미니즘적 관점 역시 마르크스 정치 이론의 한계를 지적한다. 페미니즘적 관점은 마르크스 정치 이론이 노동과 혁명 주체에 대한 배타적 개념에 기반하며, 자본주의 축적 과정에서 가사 노동이 갖는 전략적 중요성을 간과하고, 젠더에 따른 차이를 노동에 대한 탈신체화 개념으로 단순화한다는 것을 보여준다.

이런 맥락에서 이 책은 두 가지 목적을 갖고 있다. 한편으로는 이런 것들이 마르크스의 작업에서 사소한 누락이 아니라는 걸 보여준다. 마르크스는 자본주의적 생산과 임금 노동을 계급 투쟁의 핵심 영역으로 우선시하고 우리의 삶이 재생산되는 가장 중요한 활동 중 일부를 간과함으로써, 우리에게 자본주의 체제에 대한 부분적 시각만을 제공하고 프롤레타리아 계층을 성차별적이고 인종차별적인 정책의 도구로 동원하는 자본주의 체제의 회복력과 능력을 과소평가했다. 특히 재생산 노동에 대한 과소이론화(undertheorizing)는 여성의 무급 가사 노동을 기반으로 한 새로운 프롤레타리아 가족의 형성 같은 자본주의 전략의 주요한 발전을 예상하는 그의 능력에 영향을 미쳤다. 이는 실질 임금 인상과 결합해―내가 **임금의 가부장제**라고 정의한―20세기 초의 새롭고 비공식적인 성적 계약 및 새로운 가부장적 질서의 기초를 이루었고, 남성 노동력의 상당 부분을 누그러뜨렸다. 실제로 계급적 적대감은 남성이 일터에서 잃어버린 권력을 집에서―여성을 희생시켜―회복하는 능력으로 인해 많이 줄어들었다.

다른 한편으로 이 책은 불평등과 모든 형태의 착취를 없애겠다고 약속하는 페미니즘적 반자본주의 이론 및 정치 전략과 양립하기 어려운 마르크스 분석의 측면들을 규명하고자 한다. 이러한 과제를 수행하기 위해 이 책은 페미니즘 연구와 마르크스 비판의 중심에 있는 일련의 쟁점을 재검토한다. 첫 번째는 자본주의 축적의 도구로서 '노동' 문제 및 노동자와 자본의 대결 지형이다. 무엇이 마르크스와 그 추종자들로 하여금 노동을 오로지 (혹은 주로) 산업 노동과 임금 노동으로만 사유하게끔 만들었는가? 〈혁명은 집에서 시작된다〉[1]에서 나는 19세기 중반 유럽에서 임금 노동이 제도적으로 인정받는 유일한 노동 형태가 되는 과정을 역사적으로 재구성했다. 그러나 이 책 전체를 관통하는 주요 주장은 노동을 구성하는 게 무엇인지 정의하려면 페미니즘적 관점이 꼭 필요하다는 것이다. 왜냐하면 자본주의가 무급 노동에 어느 정도 의존하고 있는지, 자본주의가 여성의 몸과 삶의 모든 측면을 어떻게 생산력으로 변화시켰는지, 그리고 자본주의 사회에서 얼마나 광범위한 노동 영역이 기계화로 환원될 수 없는지를 보여줄 수 있기 때문이다. 이는 산업화가 필요 노동을 대폭 줄임으로써 더 높은 목표를 추구하기 위한 우리의 시간을 자유롭게 할 것이라는 마르크스의 믿음에 대한 도전이다.

이 책의 두 번째 핵심 쟁점은 성차별과 인종차별을 시작으로 자본주의가 세계 프롤레타리아 내부에 만들어낸 분열 문제다. 마르크스는 그의 저작과 제1인터내셔널[공식 명칭은 국제노동자협회(International Workingmen's Association, IWA)—옮긴이]의 서기(secretary)로서 개입을 통해 가부장적 관계와 인종주의를 모두 비판했다. 하지만 우리는 마르크스의 작업에서 자본주의가 그 역사적 과정을 통해 구축한 노동의 위계, 특히 '인종'과 '성별'에 기초한 노동의 위계와 이것이 자본주의의 발전 경로와 계급 연대를 이해하는 데 미친 영향에 대한 진지한 분석을 찾아볼 수 없다. 여기서도 역시 페미니즘적 관점이 필수적이다. 페미니즘적 관점은 **인종차별주의 및 연령차별주의와 마찬가지로 성차별주의가 자본주의 발전의 구조적 요소이고, 어떤 진정한 사회 변혁조차 가로막는 물질적 힘이며,** (마르크스와 엥겔스가 믿었던 것과 달리) **여성이 공장에 들어가 남성과 나란히 일을 한다고 해서 제거될 수 없음을 보여준다.**

무엇보다 이 책은 마르크스가 자본주의의 "역사적 사명"[2]이라고 묘사한―과학·산업·기술의 발전에 마르크스와 그 이후의 마르크스주의 전통이 부여한―해방적 역할에 대해 페미니스트들이 비판적이어야 한다고 주장한다. 더욱 중요하게, 페미니스트는 마르크스가 노동과 생산의 가장 합리적인 조직이자 가장 높은 형태의 사회적 협력이라고 생각했던 자본주의 자체에 할당된 해방적 역할에 의문을 제기해야 한다.[3] 재생산 노동에 대한 무지, 노동의 위계 및 식민지 관계에 대한 과소평가와 함께 자본주의의 궁극적인 '진보적' 역할에 대한 믿음은 의심할 여지 없이 마르크스의 작업에서 가장 문제 되는 측면이다. 20세기 사회주의자들에 의해 이 믿음은 자본주의적 발전을 혁명 과정의 목표로 만들었고, 이는 다음과 같은 레닌의 주장과 일치한다.

> 자본주의의 추가적 발전을 제외하고는 무엇이든 노동 계급의 구원을 추구한다는 생각은 반동적이다. 러시아 같은 나라들에서 노동 계급은 자본주의로 인해 고통받는 것이 아니라, 자본주의의 불충분한 발전으로 인해 고통받는다. 그러므로 노동 계급은 자본주의의 가장 광범위하고, 가장 자유롭고, 가장 빠른 발전에 가장 확실하게 관심을 갖고 있다.[4]

레닌과 마찬가지로 전체 마르크스주의 전통은 자본주의가 사회 조직의 더 높은 형태로서 사회적 부를 늘리고 필요 노동 시간을 줄이며 대규모 산업화를 통해 공산주의의 물질적 기반을 창출한다는 점에서, 자본주의의 불가피성과 필요성을 가정해왔다. 실제로 자본주의적 산업과 기술은 (마르크스가 가정했던 것처럼) 공산주의 사회를 위한 물질적 조건을 구축하기보다 지구를 파괴하는 동시에 오늘날 '혁명'을 생각하기 어렵게 만드는 새로운 필요를 창출해왔다. 왜냐하면 자연적이고 사회적인 부의 평등한 공유를 특징으로 하는 정의로운 사회를 건설하기 위해서는 우리 삶에 필수 불가결한 기술적 도구들에 대한 접근을 줄이는 게 필요할 수 있기 때문이다.

내가 이 책 전반에 걸쳐 시종일관 언급했듯 마르크스 정치 이론에 비판적 견해를 취한다고 해서 그의 작업을 거부하거나 그 중요성을 인식하지 못하는 것은 아니다. 우리는 또한 마르크스 자신도 종종 자기 이론에 확신이 없었고, 그것이 아마도 자신의 생애 동안 《자본론》 제2권과 제3권을 출판하지 않고 여러 차례 개정본을 남긴 이유라는 걸 이제는 알고 있다.[5] 우리는 또한 말년에 그가 러시아 포퓰리스트(populist)와 교류하면서 러시아 프롤레타리아가 공산주의 건설을 위해 자본주의 단계를 거칠 필요는 없으며—유럽에서 혁명이 일어난다는 것을 전제로—농민 코뮌에 기초한 공산주의 사회로 이행할 수 있다는 데 동의하면서 혁명으로 가는 길에 대한 자신의 개념을 수정했다는 것도 알고 있다. 아울러 마르크스는 말년에 루이스 모건(Lewis Morgan)의 《고대 사회》를 읽으면서 산업화 이전 단계에 살았던 사람들, 예를 들어 아메리카 원주민의 문화와 업적을 감상하는 법도 배웠다.[6] 더욱이 엥겔스와 함께 쓴 《공산당 선언》의 1872년 서문에서는 1848년의 원래 견해와는 대조적으로 "특히 한 가지가 〔1871년 파리〕 코뮌에 의해 입증되었다. 즉 '노동 계급은 단순히 이미 만들어진 국가 기구를 장악해 그 자신의 목적을 위해 이를 휘두를 수는 없다'"[7]고 썼다. 따라서 그가 노동 계급이 자본주의적 기술을 장악해 이를 긍정적인 목표로 전환할 수 있는지를 재고했을 수 있고, 시간이 지나면서 종종 부르주아를 위한 투쟁으로 일축했던 페미니즘의 중요성 또한 이해했을 가능성도 충분히 있다.

우리에게 주어진 과제는 재구성된 마르크스주의가 페미니즘 이론과 페미니즘 정치 강령의 정교화에 어떤 기여를 할 수 있는지 상상하는 것이다. 나는 이 작업과 관련한 두 번째 책을 그 프로젝트에 바칠 것이다. 여기서는 대신 지금까지 마르크스주의와 페미니즘이 결합하기 어려웠던 주된 이유를 재고할 예정이다.

내가 이 책에 수록한 논문들은 오랜 기간에 걸쳐 쓴 자료를 포함하는데, 그중 두 편은 1970년대 중반에 그리고 나머지는 지난 20년 동안에 집필한 것이다. 각각의 논문은 마르크스에 대한 페미니즘 담론의 발전 시점을 나타내는 동시에 샤흐르자드 모잡(Shahrzad Mojab)이 제기한 질문, 즉 어떻게 우리는 "역사상 최초의 큰 분열"을 극복하고, "2개의 주요 해방 프로젝트인 마르크스주의와 페미니즘"을 결합해 우리 시대의 정치가 요구하는 "돌파구"를 제공할 것인가 하는 질문에 답하려는 시도이기도 하다.[8]

니콜 콕스(Nicole Cox)와 함께 쓴 〈부엌으로부터의 저항 계획〉과 〈자본과 좌파〉는 내가 가사 노동 임금 캠페인에 몰두하던 시절의 것이다. 당시 우리의 주요 임무는 한편으로는 가사 노동을 전(前) 자본주의 세계의 잔여 요소로 정의하던 좌파의 비판에 대응하는 것이었고, 다른 한편으로는 가사 노동을 시장의 지배와 국가의 개입으로부터 자유로운 가족 관계 구성을 위한 마지막 전초 기지로서 목가적 방식으로 묘사하던 자유주의적 페미니스트에 대응하는 것이었다. 두 논문의 논쟁적 어조는 우리의 주장이 촉발한 논쟁, 즉 나에게 곧바로 자본주의 발전의 역사를 재구성하도록 이끌었던 논쟁의 강도를 반영하며, 이는 부분적으로 사실상 가사 노동의 기원과 자본주의 사회에서 성차별의 구체적 특성을 설명하기 위함이었다.

〈마르크스 《자본론》에서의 젠더와 재생산〉은 마르크스에 대한 페미니즘의 새로운 관심으로부터 일부 자극을 받았고, 부분적으로는 마르크스가 여성의 재생산 노동에 대한 언급을 피하고 젠더 차이를 노동 비용 차이로 환원했음을 보여주기 위해 비교적 최근에 쓴 것이다.

〈마르크스, 페미니즘 그리고 커먼즈의 구성〉은 '인지자본주의(cognitive capitalism)'로 알려진 자본주의 발전의 새로운 단계에 관한 자율주의적(autonomist) 마르크스주의 이론화에 대한 비판적 대응으로 쓴 것이다. (인지자본주의에서는 자본주의가 스스로 초월을 위한 조건을 창출한다는 마르크스의 예측이 실현된 것으로 가정한다.) 안토니오 네그리(Antonio Negri)와 마이클 하트(Michael Hardt)가 노동의 디지털화를 자본으로부터 노동자의 자율성을 증진하는 수단으로 본 반면, 내 논문에서는 디지털 기술이 오늘날 전 세계의 생태계를 파괴하는 채굴주의적 충동(extractivist drive)을 부추겨 자연계에 남아 있는 것을 파괴한다고 강조한다.

마지막으로 이 책의 마지막 두 장인 〈19세기 영국 가사 노동의 구성과 임금의 가부장제〉와 〈미국과 영국 성 노동의 기원과 발전〉에서는 자본의 계획과 계급 투쟁에 관한 마르크스의 개념을 확장할 필요성이 있음을 보여준다. 두 논문 모두 20세기 전환기에 노동력 재생산에서 새로운 자본주의적 투자의 시작, 그리고 더 생산적인 노동 계급을 창출하기 위해 가족 관계와 섹슈얼리티 규제에 대한 새로운 국가의 관심을 살펴본다. 두 논문은 마르크스의 가정과 달리 노동력 재생산은 시장에 의해서만 이루어지지 않으며, 계급 투쟁은 비단 공장에서뿐만 아니라 우리 몸에서도 벌어진다는 것을 보여준다. 아울러 계급 투쟁은 노동과 자본 사이에서는 물론 남성이—특히 임금을 받을 때—여성에 대해 가족과 더 폭넓은 공동체에서 국가의 대표자가 되는 것을 받아들이는 정도에 따라 프롤레타리아 내에서도 벌어진다는 걸 보여준다.

부엌으로부터의 저항 계획[1]

> 마르크스 이후 자본은 임금을 통해 지배하고 발전한다는 것이 분명해졌다. 노동 계급 조직이 명확히 하지도 않고 가정도 하지 않은 것은 무임금 노동자에 대한 착취도 임금을 통해 이뤄진다는 점이다. 이러한 착취는 임금의 결여로 인해 가려졌기 때문에 더 효과적이었다. 여성에 관한 한 우리의 노동은 자본 바깥에 있는 개인적 서비스처럼 보인다.
>
> -마리아로사 달라 코스타 & 셀마 제임스(Mariarosa Dalla Costa & Selma James), 1975[2]

지난 몇 달 동안 몇몇 좌파 저널이 가사 노동 임금에 대한 공격을 발표한 것은 우연이 아니다. 좌파는 이러한 관점이 '여성 문제'를 넘어서는 함의를 지니며, 여성과 나머지 노동 계급 모두에 대해 과거와 현재에 걸친 정치와의 단절을 의미한다는 걸 깨달았다. 실제로 여성들의 투쟁과 관련해 좌파가 전통적으로 보여준 종파주의(sectarianism)는 자본주의가 지배하는 방식과 이 지배를 깨기 위한 우리의 투쟁 방향을 협소하게 이해한 결과다.

좌파는 '계급 투쟁'과 '계급의 단결된 이익'이라는 이름 아래 노동 계급의 특정 부문을 혁명적 주체로 선택하고, 다른 부문엔 이들이 전개하는 투쟁에서 단순한 지지자 역할을 할당했다. 이런 식으로 **좌파는 자신의 조직적·전략적 목표에서 자본주의적 분업의 특징과 동일한 노동 계급의 분리를 재생산해왔다.** 이 경우 전술적 입장의 다양함에도 불구하고 좌파는 단결했다. 혁명적 주체를 선택할 때 스탈린주의자, 트로츠키주의자, 무정부주의적 자유주의자, 구좌파와 신좌파는 모두 손을 잡고 동일한 가정을 중심으로 공통의 대의를 형성한다.

그들은 우리에게 '개발'을 제안한다

좌파는 임금을 노동과 비노동 그리고 생산과 기생(寄生)의 분리

선으로 받아들였기 때문에, 여성이 가정에서 자본을 위해 수행하는 엄청난 양의 무임금 노동은 그들의 분석과 전략에서 벗어났다. 레닌부터 그람시(A. Gramsci)까지 전체 좌파의 전통은 자본 재생산에서는 가사 노동의 '주변성'에, 혁명적 투쟁에서는 가정주부의 '주변성'에 동의했다. 좌파에 따르면, 가정주부로서 여성은 자본주의 발전으로 인해 고통받는 것이 아니라, 자본주의 부재로 인해 고통받는다. 우리의 문제는 자본이 우리 부엌과 침실을 조직하지 않은 데 있는 듯하다. 그로 인해 우리는 아마도 전(前) 자본주의 단계에서 일하고 있으며, 부엌과 침실에서 우리가 무엇을 하든 이는 사회 변화하고는 무관하다는 두 가지 결과에 도달한다. 논리적으로, 만일 집안일이 자본 바깥에 있다면, 거기에 맞서는 우리의 투쟁은 결코 자본의 몰락을 가져오지 않을 것이다.

자본의 비합리성과 계획의 무능력을 확신하는 좌파는 자본이 그토록 많은 비생산적 노동이 살아남도록 허용하는 이유를 묻지 않는다. 따라서 여성 억압이 자본주의적 관계로부터의 배제에 따른 것이라고 보는 분석 결과는 자본주의적 관계를 파괴하기보다는 이 관계로 진입하는 것을 옹호하는 전략이다. 이런 의미에서 여성을 위한 좌파의 전략과 '제3세계'를 위한 좌파의 전략 사이에는 직접적인 연관성이 있다. 좌파는 여성을 공장으로 데려오길 원하는 것과 마찬가지로, 공장을 '제3세계'로 가져오길 원한다. 두 경우 모두 좌파는 '저개발된' 사람들, 즉 무임금에다 기술 발전 수준이 낮은 우리 같은 사람은 '진짜 노동 계급'에 비해 뒤처져 있으며, 우리는 보다 진보된 형태의 자본주의적 착취에 대한 접근을 통해서만, 즉 공장 노동을 더 많이 분담함으로써만 따라잡을 수 있다고 가정한다. 또한 두 경우 모두에서, 좌파가 무임금의 사람들—'저개발된 사람들'—에게 제안하는 투쟁은 자본에 반대하는 것이 아니라 더 합리적이고 더 생산적인 형태의 자본주의적 노동을 위한 것이다. 우리의 경우, 좌파는 우리에게 '노동할 권리'(모든 노동자에게 부여된 권리)뿐만 아니라 더 많이 노동할 권리, 즉 더 많이 착취받을 권리도 제공한다.

새로운 투쟁의 장

가사 노동에 대한 임금의 정치적 기반은 무임금과 낮은 기술 발전을 정치적 후진성 및 권력의 결여와 동일시하며, 우리가 조직되기 위한 전제 조건은 먼저 자본에 의해 조직되는 것이라고 가정하는 자본주의 이데올로기를 정확히 거부하는 것이다. 우리는 무임금이거나 더 낮은 기술 수준에서 일하기 때문에 (이러한 조건들과 밀접하게 연결되어 있는) 우리의 필요가 나머지 노동 계급의 필요와 달라야만 한다는 걸 받아들이지 않는다. 또한 남성 자동차 노동자가 조립 라인에 맞서 투쟁하는 동안 우리는 대도시의 주방이나 '제3세계'의 부엌과 들판에 있고, 우리 목표가 전 세계 노동자들이 현재 거부하고 있는 공장 노동이라는 것도 받아들이지 않는다. 좌파 이데올로기에 대한 우리의 거부는 해방으로 가는 길로서 자본주의의 발전을 거부하는 것, 더 구체적으로는 어떤 형태를 취하든 자본주의적 관계를 거부하는 것과 동일하다. 이러한 거부에는 자본이 무엇이고 누가 노동 계급을 구성하는지에 대한 재정의, 즉 계급 세력과 계급 필요에 대한 새로운 평가가 내재해 있다.

그렇다면 가사 노동에 대한 임금은 여러 요구 중 하나가 아니다. 이는 여성으로부터 시작해 노동 계급 전체를 위한 새로운 투쟁의 장을 여는 정치적 관점이다.[3] 이를 강조해야 하는 이유는 가사 노동 임금을 하나의 요구로 축소하는 것이 좌파의 공격에서 나타나는 공통 요소라서, 이러한 관점이 제기하는 정치적 문제에 직면하길 회피하는 게 가사 노동을 불신하는 방식이기 때문이다. 이런 의미에서 캐럴 로페이트(Carol Lopate)의 글 〈여성과 가사 비용 지급〉은 축소, 왜곡, 회피의 또 다른 예다. '가사 비용 지급'이라는 제목 자체가 쟁점을 잘못 표현하고 있다. 이는 임금이 단지 약간의 돈이 아니라 자본과 노동 계급 사이 권력 관계의 일차적 표현이라는 점을 간과한 것이다. 이에 걸맞게 로페이트는 이 용어로는 결코 설명할 수 없는 견해에 적절한 라벨을 붙이기 위해 새로운 표현을 찾아내야 한다. 하지만 이는 아마도 로페이트가—우리 여성의 운명이라고 확고히 주장하는—"우리의 비전은 모호하다"[4]고 느끼는 필연성 때문일 수도 있다.

가사 노동에 대한 임금을 불신하는 더 미묘한 방법은 이러한 관점이 이탈리아에서 유입된 것이며, 여성이 '일하는' 미국의 상황과는 관련이 없다고 주장하는 것이다.[5] 여기에 잘못된 정보의 또 다른 예가 있다. 〈여성의 힘과 공동체의 전복〉—로페이트가 인용한 유일한 자료—은 이러한 관점이 기원한 국제적 맥락을 보여준다. 게다가 가사 노동에 대한 임금의 지리적 기원을 추적하는 것은 현재 진행되고 있는 자본의 국제적 통합 단계에서는 적절하지 않다. 중요한 점은 그것의 정치적 기원이다. **이는 노동과 착취를 임금이 있을 때만으로 보는 걸 거부하는 것이다.** 이는 '노동하는' 여성과 '그냥 가정주부'인 여성 사이의 구분을 거부하는 것으로, 이러한 구분은 집안일은 노동이 아니며 아주 많은 여성이 두 번째 직업을 갖고 있기 때문에 미국에서만 여성이 노동을 하고 투쟁한다는 걸 시사한다. 그러나 무임금이라는 이유로 집에서의 여성 노동을 인정하지 않는 것은 미국 자본이 노예 노동과 임금 노동을 바탕으로 건설되었고, 오늘날까지도 미국과 전 세계의 들판·부엌 그리고 감옥에서 이루어지는 수백만 명의 여성과 남성 그리고 어린이의 무임금 노동으로 번창하고 있다는 걸 간과하는 것이다.

숨겨진 노동

우리 자신을 시작으로 여성으로서 우리는 자본을 위한 노동이 꼭 급여를 벌어다 주는 것은 아니며, 공장 입구에서 시작하고 거기서 끝나는 것도 아니라는 걸 깨닫는다. 우리가 꿰매는 양말과 요리 중인 식사에서 고개를 들어 우리의 일과를 전체적으로 살펴보면, 우리는 임금을 받지는 않지만 우리의 노동이 자본주의 시장에서 가장 귀중한 생산물인 노동력을 생산하고 있다는 걸 알 수 있다. 실제로 집안일은 집 청소 그 이상이다. 집안일은 임금 노동자에게 육체적, 감정적, 성적 서비스를 제공하고 날마다 임금을 위해 일할 수 있도록 준비시킨다. 우리 아이들—미래의 노동자들—을 출생에서부터 학창 시절까지 돌봄으로써 그들 역시 자본주의에서 기대하는 방식으로 일하게끔 보장한다. 이는 모든 공장, 학교, 사무실, 광산 뒤에는 그런 공장, 학교, 사무실,

광산에서 일하는 사람들을 재생산하는 데 평생을 소비하는 수백만 여성의 숨겨진 노동이 있다는 걸 의미한다.[6]

안정적이고 잘 훈련된 노동력의 가용성은 자본주의 발전의 모든 단계에서 생산의 필수 조건이다. 이것이 오늘날까지 '선진국'과 '저개발국' 모두에서 가사 노동과 가족이 자본주의 생산의 기둥인 이유다. 우리의 노동 조건은 나라마다 다르다. 어떤 나라에서 우리는 아이를 많이 낳도록 강요받는다. 다른 나라에서는—특히 우리가 흑인이거나 복지 혜택을 받거나 '말썽꾸러기'를 낳는 경우—출산하지 말라는 말을 듣는다. 어떤 나라에서는 농사를 위한 비숙련 노동력을 생산하고, 다른 나라에서는 숙련된 노동자와 기술자를 생산한다. 하지만 모든 국가에서 우리가 자본을 위해 수행하는 기능은 동일하다. 임금을 받는 직업을 구한다고 해도 우리가 가사 노동에서 해방된 것은 결코 아니다. 두 가지 직업을 갖는 것은 투쟁하기 위한 시간과 에너지가 줄어드는 걸 의미할 뿐이다. 게다가 집에서든 밖에서든, 기혼이든 독신이든 우리는 우리 자신의 노동력 재생산을 위해 시간을 투자해야 하며, 이런 과제가 갖는 특별한 폭압에 대해 잘 알고 있다. 왜냐하면 예쁜 드레스와 멋진 머리 모양이 결혼 시장에서든 임금 노동 시장에서든 구직을 위한 조건이기 때문이다. 그래서 미국에서의 다음과 같은 일이 의심스럽지 않을 수 없다.

학교·보육원·탁아소·텔레비전 등은 자녀의 사회화에 대한 많은 책임을 어머니로부터 가져갔고, 주택 크기의 감소와 가사 노동의 기계화는 가정주부가 잠재적으로 훨씬 더 많은 여가 시간을 갖게 되었다는 것을 의미한다.[7]

무엇보다도 탁아소와 보육원은 우리에게 어떤 시간도 자유롭게 해주지 않았고 추가적인 노동을 위한 시간을 제공할 뿐이다. 기술과 관련해서는 사회적으로 유용한 기술과 주방에 유입되는 기술 사이의 격차를 측정할 수 있는 곳이 바로 미국이다. 우리의 무임금 조건이 우리가 얻는 기술의 양과 질을 결정한다. "일정한 한도 내에서 시간당 급여를 받지 못하면, 아무도 당신이 그 일을 하는 데 시간이 얼마나 걸리는지 신경 쓰지 않는다."[8] 오히려 미국의 상황은 기술도 두 번째 직업도 여성을 가사 노동에서 해방할 수 없다는 것을 증명한다.

기술자를 생산하는 것이 비숙련 노동자를 생산하는 것보다 부담이 적은 대안은 아니다. 이 두 가지 과제 사이에서 이러한 노동이 어떤 기술적 수준에서 행해지든 여성이 무급으로 노동하기를 거부하지 않는 한 말이다. 그리고 생산하는 아이가 어떤 특정 유형이든 여성이 아이를 낳기 위해 사는 걸 거부하지 않는 한 말

이다.[9]

우리가 집에서 하는 일이 자본주의적 생산이라고 말하는 것은 '생산력'의 일부로 정당화되기를 바라는 욕구의 표현이 아니다. 자본주의적 관점에서만 보면, 생산적이라는 것은 도덕적 명령임은 물론 도덕적 미덕으로 간주할 수도 있다. 노동 계급의 관점에서 보면, 생산적이라는 것은 착취당하고 있다는 걸 의미할 뿐이다. "그러므로 생산적 노동자인 것은 행운이 아니라 불행이다."[10] 따라서 우리는 그것으로부터 "자존감"을 거의 얻지 못한다.[11] 그러나 가사 노동—여전히 여성으로서 일차적인 정체성—이 자본주의적 생산의 한순간이라고 말할 때, 우리는 자본주의적 분업에서 우리의 기능과 그에 맞선 투쟁이 취해야 할 구체적 형태를 분명히 해야 한다. 우리의 힘은 누군가가 생산의 순환 속에서 우리 위치를 인정해주는 데서 나오지 않는다. 생산이 아니라 생산을 자제하는 힘이 항상 부의 사회적 분배에서 결정적 요인이었다. 우리가 자본을 생산한다고 말할 때, 그것은 한 가지 형태의 착취에서 다른 형태의 착취로 이동하기 위해 패배하는 싸움을 하기보다 자본을 파괴하길 원한다는 의미다.

우리는 또한 "마르크스주의 세계로부터 범주를 차용"[12]하는 것이 아니라는 점을 분명히 해야 한다. 마르크스는 집안일을 직접적으로 다루지 않았을 수도 있다. 그러나 우리는 마르크스로부터 자유로워지려는 의지가 로페이트만큼이나 약하다. 왜냐하면 마르크스는 자본주의 사회에서 우리가 어떻게 기능하는지 이해하는 데 있어 대체할 수 없는 분석을 우리에게 제공했기 때문이다. 우리는 또한 집안일에 대한 마르크스의 명백한 무관심이 역사적 요인에 근거한 것은 아닌지 의심한다. 여기서 우리가 언급하는 것은 마르크스가 동시대인들(아울러 그들뿐만 아니라)과 공유했던 남성우월주의적 성향만이 아니다. 마르크스가 글을 쓸 당시에는 가사 노동을 중심으로 한 프롤레타리아 가족이 아직 형성되지도 않은 때였다. 마르크스가 눈앞에서 본 것은 프롤레타리아 공동체였고, 거기서는 여성이 남편 및 자녀와 함께 완전히 고용된 채 가족 구성원 각자가 하루 15시간을 공장이나 다른 산업 노동 현장에서 일하느라 '가족생활'을 위한 시간이나 공간이 없었다. 좀더 안정적이고 규율 잡힌 노동력에 대한 필요성으로 인해 자본이 노동 계급 가족을 재구성하게 된 것은 끔찍한 전염병과 과잉 노동으로 인해 노동 계급이 줄어들고, 가장 중요하게는 1830년대와 1840년대에 걸쳐 프롤레타리아 투쟁의 물결이 영국을 혁명 직전 상황까지 몰고 간 이후였다. 전(前) 자본주의적 구조와는 거리가 먼, 우리가 알고 있는 서구의 가족은 노동력의 양과 질 및 그 통제를 보장해야 하는 제도로서 자본을 위한 자본의 창조물이다. "노동조합과 마찬가지로 가족은 노동자를 보호할 뿐 아니라 그/그녀가 노동자 이외의 다른 사람이 되지 않도록 보장한다. 그리고 이것이 바로 가족에 맞서는 노동 계급 여성의 투쟁이 중요한 이유다."[13]

규율로서 우리의 무임금

가족은 본질적으로 우리의 무임금 노동, 그리고 남성에 대한 우리의 무임금 의존을 제도화한 것이다. 이는 결과적으로 남성을 규율해온 노동 계급 내의 분열을 제도화한 것이기도 하다. 우리의 무임금으로 인한 경제적 의존이 남성을 그들의 일자리에 묶어두었고, 노동을 거부하고 싶을 때마다 자신의 임금에 의존하는 아내와 아이들을 마주하게끔 만들었다. 여기에 로페이트가 아주 깨기 어렵다고 느낀 "남성과 우리의 오랜 습관"의 기초가 놓여 있다. 남성에게 "육아에 동등하게 참여할 수 있도록 특별한 시간표를 요청하는 것"이 어려운 건 우연이 아니다.[14] 남성이 파트타임 근무를 할 수 없는 한 가지 이유는 여성이 두 번째 임금을 가져오더라도 남성의 임금이 가족 생존에 결정적이기 때문이다. 그리고 우리가 "집안일에 더 많은 시간을 낼 수 있는 덜 소모적인 일자리를 선호거나 찾는다면" 그것은 우리가 공장에서 소모되고 집에서 더 빨리 소모되는 한층 강화된 착취에 저항했기 때문이다.[15] 우리는 또한 집안에서의 무임금이 임금 노동 시장에서 우리의 입지를 약화하는 주요 원인이라는 것을 알고 있다. 우리가 가장 낮은 임금의 일자리를 얻고, 남성의 분야에 진입할 때마다 임금이 낮아지는 것은 우연이 아니다. 고용주들은 우리가 무보수로 일하는 데 익숙하고, 저렴한 임금도 수용할 정도로 돈이 절실하다는 걸 알고 있다. 더욱이 가사 노동이 무임금이라는 사실은 사회적으로 부과된 이런 노동에다 어디를 가든 무엇을 하든 우리에게 영향을 주는 자연적 외양('여성성')을 부여했다. 집안일과 여성성이 합쳐지면서 '여성'은 '가정주부'와 동의어가 되었고, 우리는 어떤 직업을 갖든 출생 때부터 습득한 정체성과 '가정적인 기술'을 실어 나른다. 이는 임금을 받는 길이 종종 우리를 더 많은 집안일로 이끈다는 걸 의미한다. 따라서 우리는 "기억해야 할 중요한 것은 우리가 하나의 성(SEX)"[16]이라는 말을 들을 필요가 없다. 몇십 년 동안 자본은 우리가 섹스와 아이를 만들 때만 유용하다고 말해왔다. 이것이 바로 성적 노동 분업이며, 우리는 이를 영원하게 만드는 것을 거부한다. "여성이 된다는 것은 실제로 무엇을 의미할까? 만일 어떤 일정한 특성이 반드시 그리고 언제나 그 특징에 부착된다면 어떻게 될까?"[17] 이런 질문을 하는 것은 성차별적이고 인종차별적인 답변을 구걸하는 짓이다. 우리가 누구인지 누가 말할 수 있겠는가? 지금 우리가 알아낼 수 있는 모든 것은 우리가 누가 아닌가 하는 것이며, 이는 우리에게 부과된 정체성을 깨뜨리는 힘을 우리가 어느 정도 획득하는지에 달려 있다. 자연스럽고 영원한 인간의 특성을 전제하는 것은 지배 계급이거나 지배를 갈망하는 사람들이다. 이는 우리에 대한 그들의 권력을 영원하게 만들기 위한 것이다.

가족의 찬미

여성다움의 본질에 대한 로페이트의 탐구가 그녀를 집에서의 무급 노동에 대한 노골적인 찬미로 이끈 것은 놀랍지 않다.

> 집과 가족은 전통적으로 자본주의 생활에서 사람들이 사랑이나 돌봄으로 서로의 필요를 충족시킬 수 있는 유일한 틈새를 제공해왔다. 비록 그것이 종종 두려움과 지배에서 비롯된 것일지라도 말이다. 부모는 적어도 부분적으로는 사랑으로 자녀를 돌본다. ……나는 우리가 자라면서 이러한 기억이 우리에게 머물러 금전적 보상에 기초하기보다는 사랑에서 비롯되는 노동과 돌봄을 일

종의 유토피아로서 항상 유지한다고 생각한다.[18]

여성 운동에 관한 문헌은 이러한 사랑, 돌봄, 봉사가 여성에게 미친 파괴적인 효과를 보여준다. 이것들은 우리를 거의 노예 상태에 묶어놓는 사슬이다. 우리는 우리 어머니와 할머니의 비참함, 그리고 어린 시절 우리 자신의 비참함을 유토피아로 끌어올리길 거부한다! 국가가 임금을 지급하지 않을 때, 목숨으로 이를 갚아야 하는 이들은 사랑과 돌봄이 필요한 사람이다. 우리는 또한 금전적 보상을 요구하는 것은 "단지 자유롭고 소외되지 않는 노동의 가능성을 더욱 불명료하게 하는 데 기여할 것"[19]이라는 로페이트의 주장을 거부한다. 이런 주장은 노동을 '소외에서 벗어나게 하는(dis-alienate)' 가장 빠른 방법은 노동을 무료화하는 것이라고 말한다. 의심할 바 없이 자본가 계급은 이 같은 제안을 높이 평가한다. 현대 국가가 기대고 있는 자발적 노동은 우리 시대의 바로 이런 자선 제도에 기초한다. 그러나 사랑과 돌봄에 의지하는 대신 우리 어머니들이 금전적 보상을 받았더라면, 덜 비통하고 덜 의존적이고 덜 협박받고 어머니들의 희생을 끊임없이 기억하는 자녀를 옥박지르려는 경향도 덜했을 거라고 우리는 생각한다. 그랬다면 우리 어머니들은 노동에 맞서 싸울 수 있는 더 많은 시간과 힘을 가졌을 테고, 우리는 그 투쟁에서 더 발전된 단계에 놓였을 것이다.

가족을 '사적 세계', 즉 남성과 여성이 "〔자신의〕 영혼을 살아 있게 할 수 있는 마지막 영역"[20]으로 찬미하는 게 자본주의 이데올로기의 본질이며, 이 이데올로기가 현재의 '위기' '긴축' 및 '고난'의 시대에 자본주의 계획가들 사이에서 다시 인기를 누리고 있는 것은 놀랍지 않다. 러셀 베이커(Russell Baker)가 최근 〈뉴욕 타임스〉에서 말했듯이 "사랑은 대공황 동안 우리를 따뜻하게 지켜주었고, 지금의 어려운 시기를 겪을 때도 사랑을 지켜가는 게 좋을 것이다".[21] 가족(혹은 공동체)과 공장을, 개인적인 것과 사회적인 것을, 사적인 것과 공적인 것을, 생산적인 노동과 비생산적인 노동을 맞서게 하는 이런 이데올로기는 우리를 가정의 노예로 만드는 역할을 한다. 임금이 없는 한 가정은 항상 사랑의 행위로 여겨져왔다. 이 같은 이데올로기는 자본주의적 노동 분업에 깊이 뿌리내리고 있으며, 이는 핵가족의 조직화에서 가장 뚜렷하게 나타난다.

임금 관계가 가족의 사회적 기능을 신비화해온 방식은 임금 노동과 '돈에 의한 결합(cash nexus)'에 모든 사회적 관계를 종속시키는 자본의 신비화 방식이 확장된 것이다.

마르크스는 오래전에 임금이 이윤을 창출하는 모든 무급 노동을 감춘다는 점을 분명히 했다. 그러나 노동을 임금으로 측정하는 것은 또한 모든 사회적 관계가 얼마나 생산 관계에 종속되어 있는지, 우리 삶의 모든 순간이 자본의 생산과 재생산에 어느 정도의 역할을 하는지 은폐한다. (부재한 임금을 포함해) **임금은 자본에 우리의 실제 노동일을 모호하게 만들도록 허용했다.** 노동은 특정 영역에서만 일어나는 삶의 한 영역처럼 나타난다. 우리가 일할 준비를 하거나 출근하기 위해 사회적 공장(social factory)에서 소비하는 시간, 간단한 간식과 빠른 섹스 그리고 영화 감상 등으로 우리의 '근육, 신경, 뼈와 두뇌'를 회복하는 시간은 모두 여가, 자유 시간, 개인적 선택으로 나타난다.[22]

다양한 노동 시장

자본의 임금 활용은 또한 누가 노동 계급인지 모호하게 만들고 지배하기 위해 분리를 꾀하는 자본의 필요에 봉사한다. 임금 관계를 통해 자본은 다양한 노동 시장(흑인, 청년, 여성, 백인 남성을 위한 노동 시장)을 조직했을 뿐 아니라, '노동 계급'을 이들의 노동에 기생하는 것으로 여겨지는 '노동하지 않는' 프롤레타리아와 대립시켜왔다. 복지 수혜자로서 우리는 '노동 계급'의 세금으로 생활한다는 얘길 들으며, 가정주부로서 우리는 끊임없이 남편의 월급을 노리는 밑 빠진 독으로 묘사된다. 그러나 궁극적으로 임금 없는 이들의 사회적 약점은 자본에 대한 노동 계급 전체의 약점이다. 공장 철수(runaway)의 역사가 보여주듯이 '저개발국'과 대도시 모두에서 무임금 노동의 비축은 인건비가 너무 비싸진 지역에서 자본의 이탈을 가능케 했고, 이는 그 지역에서 노동자가 획득한 권력을 약화시켰다. 자본은 '제3세계'로 달려갈 수 없을 때마다 여성, 흑인, 청년 또는 '제3세계'에서 온 이민자에게 공장의 문을 열어주었다. 실제로 자본이 임금 노동에 기반하고 있음에도 세계 인구의 절반 이상이 여전히 무임금이라는 것은 우연이 아니다. 무임금과 저개발은 국내적으로나 국제적으로 자본주의적 기획의 필수 요소다. 무임금과 저개발은 노동자들이 국내 및 국제 노동 시장에서 경쟁하게끔 하고, 우리의 이익이 서로 다르며 모순적이라고 믿게끔 만드는 강력한 수단이다. 여기에 다양한 노동 시장의 직접적 표현인 성차별주의, 인종차별주의, (국가로부터 약간의 돈을 받는 노동자를 경멸하는) 복지주의 이데올로기의 기반이 있으며, 따라서 노동 계급을 규제하고 분리하는 다양한 방식이 생겨난다.[23] 이러한 자본주의 이데올로기의 활용과 그 뿌리가 임금 관계에 있다는 것을 무시한다면, 우리는 결국 인종차별주의·성차별주의·복지주의를 도덕적 질병으로, "잘못된 교육"과 "허위의식"의 산물로 여기게 될 뿐 아니라 "우리 편

을 북돋기 위한 도덕적 명령" 외에는 우리에게 아무것도 남기지 않는 "교육" 전략에 갇히고 만다.[24]

마지막으로, 우리는 로페이트가 해방을 이루기 위해서는 남성이 "선한" 존재라는 믿음에서 우리의 전략이 벗어나야 한다고 말한 것에 동의한다.[25] 1960년대 흑인들의 투쟁이 보여주었듯 흑인 공동체가 자신의 필요를 '이해하도록' 만든 것은 선한 말이 아니라 그들의 권력을 조직함으로써였다. 우리의 경우, 남성을 가르치기 위한 노력은 항상 우리의 투쟁이 사유화되어 부엌과 침실에서 외롭게 싸워야 한다는 걸 의미했다. 거기서 우리는 자본에 맞설 권력을 찾을 수 없다. 권력이 교육을 한다. 사람들은 두려움을 느껴야 비로소 배운다. 자본이 무서워하기 때문이다. 우리는 동일한 노동을 더 평등하게 재분배하기 위해 싸우고 있는 것이 아니다. 우리는 그 노동을 끝내기 위해 싸우고 있으며, 그 첫 단계가 그 노동에 대가를 매기는 것이다.

임금 요구

여성으로서 우리의 권력은 임금을 위한 사회적 투쟁에서 비롯된다. 이는 임금 관계로 편입되는 것이 아니라(우리는 비록 임금을 받지 못하지만 결코 그 바깥에 있었던 적은 없다), 거기에서 벗어나는 것이다. 모든 부문의 노동 계급은 임금 관계에서 벗어나야 하기 때문이다. 여기서 우리는 임금 투쟁의 성격을 명확히 해야 한다. 좌파가 임금 요구는 '경제적인' '노조의 요구'라고 주장할 때, 그들은 임금은 물론 임금의 부재도 착취의 척도이며 자본과 노동 계급 사이에서 그리고 노동 계급 내에서 권력관계의 직접적 표현이라는 사실을 무시한다. 그들은 또한 임금 투쟁이 다양한 형태를 취하며 임금 인상에만 국한하지 않는다는 사실을 무시한다. 돈뿐만 아니라 노동 시간 단축, 더 많고 더 나은 사회 서비스 같은 모든 게 임금 획득이며, 이는 우리가 우리 노동 중 얼마나 많은 부분을 빼앗기고 우리 삶에 대해 우리가 얼마나 많은 권력을 갖는지를 결정한다. 이것이 바로 임금이 노동자와 자본 사이의 전통적 투쟁의 기반이 되어온 이유다. 계급 관계의 표현과 관련해 임금에는 두 가지 측면이 있다. 하나는 자본의 측면으로, 우리를 통제하기 위해 임금을 활용하며 우리가 얻는 임금 인상이 생산성 증대와 일치하도록 보장한다. 다른 하나는 더 많은 돈, 더 많은 권력 그리고 더 적은 노동을 위해 더욱더 투쟁하는 노동 계급의 측면이다. 오늘날의 자본주의 위기가 보여주듯 자본주의적 생산에 봉사하기 위해 자신의 생명을 기꺼이 희생하려는 노동자는 거의 없다. 노동자는 생산성 향상 요구에 점점 더

귀를 기울이지 않는다. 그러나 임금과 생산성 사이의 '공정 교환'이 무너지면, 임금 투쟁은 자본의 이윤과 우리에게서 잉여 노동을 추출하는 자본의 능력에 대한 직접적 공격이 된다. 따라서 **임금을 위한 투쟁은 동시에 임금, 임금이 표현하는 권력, 그리고 임금이 구현하는 자본주의적 관계에 대한 투쟁이다.** 임금을 받지 못하는 이들의 경우, 임금을 위한 투쟁은 실로 더욱 명백하게 자본에 대한 공격이다.

따라서 가사 노동에 대한 임금은 자본이 오늘날 여성이 제공하는 엄청난 양의 사회 서비스에 비용을 지급해야 한다는 걸 의미한다. 가장 중요한 것으로, 가사 노동에 대한 임금 요구는 우리의 노동을 생물학적 운명으로 받아들이길 거부하는 것이다. 실제로 이 노동을 제도화하는 데 있어 임금이 아니라 '사랑'이 항상 우리의 보수였다는 사실만큼 강력했던 것은 없다. 우리에게는―임금 근로자와 마찬가지로―임금이 생산성 거래가 아니다. 임금의 대가로 우리는 이전에 비해 더 많이 일하지 않을 것이다. 우리는 시간과 에너지를 되찾기 위해 임금을 원하며, 재정적 독립이 필요하기 때문에 두 번째 직업에 얽매여서는 안 된다.

임금을 위한 우리의 투쟁은 임금을 받는 사람과 받지 못하는 사람 모두에게 실제 노동일의 길이(length) 문제를 제기한다. 지금까지 남성과 여성 노동 계급은 자본에 의해 정의된 노동일―출근에서 퇴근에 이르는―을 갖고 있었다. 노동일은 우리가 자본에 속한 시간과 우리 자신에게 속한 시간을 정의했다. 그러나 우리는 결코 우리 자신에게 속해본 적이 없다. 우리는 삶의 모든 순간마다 항상 자본에 속해 있었다. 그리고 이제 우리는 자본이 우리 삶의 모든 순간에 대가를 치르도록 만들어야 한다.

자본이 대가를 치르도록 만들기

이것이 미국에서 그리고 국제적으로 1960년대 투쟁 당시 거리에서 표출된 바 있는 계급 관점이다. 미국에서 흑인과 복지 혜택을 받는 어머니들―대도시의 '제3세계' 사람들―의 투쟁은 사용 자본에 저항하는 무임금 노동자들의 반란이었고, 자본이 제기하는 유일한 대안인 더 많은 노동에 대한 거부였다. 공동체에 권력의 중심을 둔 이런 투쟁은 발전을 위한 게 아니라, 자본이 무임금 노동자와 임금 노동자 모두로부터 축적해온 사회적 부를 재전유하기 위한 것이었다. 이런 의미에서 그들은 노동을 우리가 살기 위한 유일한 조건으로 강요하는 자본주의적 사회의 조직화에 근본적으로 도전했다. 그들은 또한 오직 공장에서만 노동 계급이 자신의 권력을 조직할 수 있다는 좌파의 독단에 도전했다. 노동 계급 조직화의 일부가 되기 위해 공장에 들어갈 필요는 없다.

캐럴 로페이트가 "노동 계급 연대를 위한 이데올로기적 전제 조건은 함께 일하면서 생겨나는 네트워크와 연결"이며 "이러한 전제 조건은 각기 다른 집에서 일하는 고립된 여성들에게서는 생겨날 수 없다"고 말했을 때,[26] 그녀는 1960년대에 이 '고립된' 여성들이 벌인 강력한 투쟁을 무시한 셈이다. 더욱이 우리가 집에서 고립된 채 일하지 않으면 자본이 우리를 분열시키지 못한다고 생각하는 것은 환상이다. 이러한 분열에 저항해 우리는 우리의 필요에 따라 조직해야만 한다. 이런 의미에서 가사 노동을 위한 임금은 자본의 합리화와 가정의 사회화를 거부하는 것과 마찬가지로 공장의 사회화도 거부하는 것이다. 실제로 우리는 로페이트의 제안과 마찬가지로 혁명을 소비자 보고서와 시간 활동 연구로 축소할 수 있다고 믿지 않는다.

> [우리는] 집을 계속 유지하는 데 '없어서는 안 될' 과제들을 진지하게 살펴볼 필요가 있다. ……우리는 시간과 노동을 절약해주는 장치에 대해 알아보고, 어느 것이 유용하며 어느 것이 가사 노동을 더욱 악화시킬 뿐인지 결정할 필요가 있다.[27]

그러나 우리의 가치를 떨어뜨리는 것은 기술이 아니다. 사용 자본이 그렇게 만든다. 더욱이 가정에는 '자기 관리'와 '노동자 통제'가 늘 존재해왔다. 우리는 항상 월요일이나 토요일에 빨래를 할 수 있는 선택권이 있고, 여유가 있다면 식기세척기를 살지 진공청소기를 살지 선택할 수 있다. 따라서 우리는 자본에 우리 노동의 성격을 바꿔달라고 요구하지 않는다. 우리는 우리 자신과 타인을 노동자로, 노동력으로, 상품으로 재생산하는 걸 거부하기 위해 투쟁한다. 이 목표를 달성하기 위한 조건은 이러한 일을 임금 노동으로 인정받는 것이다. 임금이 존재하는 한 분명 자본도 존재할 것이다. 그래서 우리는 임금을 받는 것이 혁명이라고 말하지 않는다. 그러나 우리는 이것이 자본주의적 분업에서 우리에게 부여된 역할을 약화시키고 노동 계급 내의 권력관계를 우리와 계급의 단결에 더 유리한 방향으로 변화시키기 때문에 혁명적 전략이라고 말한다. 가사 노동을 위한 임금의 재정적 측면과 관련해서는 노동 계급과 마주할 때면 언제나 빈곤을 호소하는 자본과 재무부의 관점을 우리가 받아들일 경우에만 "아주 문제가 많다"고 할 수 있다.[28] 우리는 재무부가 아니며 재무부가 되고자 하는 열망도 없으므로 보수, 임금 격차 및 생산성 거래 계획 시스템을 상상할 수 없다. 우리의 힘에 한계를 두는 것은 우리의 몫이 아니다. 우리의 가치를 매기는 것도 우리의 몫이 아니다. 우리 모두를 위해 우리가 원하는 것을 얻고자 싸우는 것이 우리의 몫일 뿐이다. 우리의 목표는 돈으로 살 수 없는 존재가 되어 우리 자신의 가치를 시장 바깥에서 매기는 것이며, 가사 노동과 공장 노동 그리고 사무 노동이 '비경제적'이 되게끔 만드는 것이다.

마찬가지로 우리는 노동 계급의 다른 부문들이 우리의 궁극적 이익을 위해 비용을 치러야 한다는 주장을 거부한다. 이 논리에 따르면, 임금 노동자는 역으로 자본이 우리에게 주지 않은 돈으로 급여를 받는 것이라고 말할 수 있다. 그러나 이것이야말로 국가가 말하는 방식이다. 사실상 "노동자는 기업이 아니라 자신들이 결국 그 프로그램에 대한 비용을 지불했다는 걸 알기" 때문에, 사회 복지 프로그램에 대한 1960년대 흑인들의 요구가 "모든 장기적 전략에 …… 백인-흑인 관계에 파괴적 영향"을 미쳤다고 말하는 것은 명백한 인종차별주의다.[29] 모든 투쟁이 필연적으로 빈곤의 재분배로 귀결된다고 가정한다면, 우리는 노동 계급의 패배를 가정하는 셈이다. 실제로 로페이트의 글은 자본주의 제도를 불가피한 것으로 받아들이는 것 외에 다른 어떤 것도 아닌 패배주의의 징후 아래 쓰여진 것이다. 따라서 로페이트는 자본이 우리에게 임금을 주기 위해 다른 노동자의 임금을 낮추려 한다면, 그 노동자들이 우리뿐만 아니라 그들 자신의 이익도 방어하게 되리라는 걸 상상하지 못한다. 그녀는 또한 "분명히 남성이 가정에서 일한 대가로 최고 임금을 받게 될 것"이라고 가정한다. 요컨대 우리는 결코 승리하지 못할 거라는 얘기다.[30] 그녀는 가정주부를 불쌍한 피해자로만 보기 때문에, 우리의 노동을 통제하려는 감독관 면전에서 문을 닫기 위해 우리가 집단적으로 조직화할 수 있다는 것을 상상하지 못한다.

자본과 좌파[1]

계급 운동의 역동성에 대한 전통적인 무지(無知)로 인해 좌파는 여성 운동의 한 국면의 끝을 운동 그 자체의 끝으로 해석했다. 따라서 느리지만 확실하게 그들은 1960년대에 포기할 수밖에 없었던 정치적 지형을 되찾기 위해 노력하고 있다.

    1960년대에 여성이 대거 좌파 집단과 결별했을 때, 좌파는 페미니스트 자율성의 타당성을 받아들여야만 했다. 마지못해서라도 여성 역시 혁명의 일부라는 점을 인정해야만 했다. 그들은 심지어 새로이 발견된 자신들의 성차별주의에 스스로 가슴을 치며 분노하기까지 했다. 현재 그들이 페미니스트 장례식이라고 생각하는 분위기 속에서, 이번에야말로 우리의 성과와 단점을 판가름할 때라는 그들의 목소리가 다시 높아지고 있다. 그들의 이야기는 우리에게 익숙한 울림으로 다가온다. 자칭 페미니스트 중 한 사람은 이렇게 말한다. "여성에게도 사회주의 운동이 필요하며 …… 오직 여성만으로 이루어진 운동은 이를 대신할 수 없다."[2] 이는 그동안 모든 게 괜찮았지만 궁극적으로 우리가 그들의 지도를 받아야 하며, 그러기 위해서는 그들이 올바른 정치적 노선을 재정립하길 바란다는 걸 의미한다.

똑같은 옛날이야기

물론 이는 새로운 게 아니다. 다시 한번 우리는 진지한 정치란 부엌일이 아니며, 여성으로서 우리 자신을 해방하려는 투쟁—가사 노동과 가족 관계 그리고 성매매를 무너뜨리려는 투쟁—은 공장에서의 '진짜 계급 투쟁'에 명확히 종속되거나 기껏해야 보조적인 것이라는 이야기를 듣는다. 페미니스트 자율성에 반대하는 오늘날의 좌파 논쟁 대부분이 가사 노동에 대한 임금은 페미니즘적이며, 그런 까닭에 노동 계급의 전략이라는 점을 부정하는 데 몰두하고 있는 것은 우연이 아니다.

이러한 비판의 그럴듯한 이유 중 하나는 만일 여성이 자기 돈을 갖게 되면 남성이 언젠가 부엌과 침대에서 여성의 부재를 발견하게 될지도 모른다는 것이다. 그러나 더 심오한 이유는 좌파가 우리를 가사 노동에서 자유롭게 하는 데 관심이 없고, 단지 우리의 노동을 더 효율적으로 만들길 원하기 때문이다. 그들의 관점에서 볼 때, 혁명은 우리에 대한 착취를 폐지하는 대신 이를 합리화하고자 하는 자본주의적 생산을 재조직화하는 것이다.

이것이 바로 우리가 '노동 거부'를 말할 때, 그들이 곧바로 '거리는 누가 청소할지' 걱정하는 이유다. 그리고 그들이 항상 노동 계급 부문들 가운데 더 합리화된 부문에서 '혁명적 주체'를 선택하는 이유다. 요컨대 그들의 관점에서 보면, 노동자가 혁명적인 것은 그들이 착취에 맞서 싸우기 때문이 아니라 생산자이기 때문이다. 노동자가 이런 관점으로부터 얼마나 멀리 떨어져 있는지는 좌파가 노동자의 '계급 의식' 부족을 비난하는 데 쏟는 에너지의 양을 보면 알 수 있다. 좌파는 노동자가 임금을 받든 받지 않든 생산을 합리화하는 방법에 관심을 두는 대신, 그들이 자신을 위해 더 많은 돈과 더 많은 시간을 원한다는 사실에 겁을 먹는다.

우리의 경우 한 가지는 분명하다. 좌파는 우리의 투쟁을 공격한다. 왜냐하면 가사 노동자로서 우리는 그들이 노동 계급한테 부여한 '생산적' 역할에 어울리지 않기 때문이다. 이것이 의미하는 바는 〈뉴 레프트 리뷰(New Left Review)〉에 실린 월리 세컴(Wally Seccombe)의 글에 잘 표현되었다.

> 혁명적 변혁이 유일하게 가능한 것은 프롤레타리아가 사회화된 노동에 직접 참여하고, 그럼으로써 하나의 계급으로서 사회주의적 생산 양식의 전제 조건을 갖추고 있기 때문이다. 가정주부의 노동이 사유화된 채로 남아 있는 한 그들은 새로운 질서를 예시하거나 낡은 질서를 파괴하는 생산력의 선봉을 맡을 수 없다.³

세컴은 자본주의 위기의 시기에(자본주의가 이미, 아마도 저절로 붕괴하고 있을 때) 적절한 주도권(예를 들어 가격감시위원회)에 기반한 '가정주부의 동원'이 혁명적 투쟁에 기여할 수 있음을 인정한다. 그는 "그런 상황에서 객관적으로 후방에 있는 노동 계급층이 앞으로 나아가는 것이 드문 일은 아니다"라고 썼다. 그러나 "가정주부가 여성들의 투쟁에 결정적 원동력을 제공하지는 않을 것이다"라는 사실은 여전히 남아 있다.⁴ 국제적으로 대다수 여성은 무엇보다도 가사 노동자로 일하고 있으므로, 이는 여성을 혁명 과정에서 배제하는 것과 같다.

중국 모델

'혁명가들'이 투쟁이 끝난 뒤 우리를 부엌으로 돌려보낸 게 처음은 아니다. 이번에는 '가사 노동 분담'에 대한 약속과 함께 그렇게 했다. 만약 오늘날 이런 과정이 덜 명확하다면, 그것은 자본의 계획에 조응해 우리를 다시 집으로 밀어 넣고 있는 바로 그 손이 "계급 투쟁에 참여"하기 위해, 혹은 더 정확히는 미래의 생산 역할을 교육하기 위해 우리를 공장으로 보내려 시도하기 때문이다.[5] 그들이 우리를 위해 갖고 있는 장기적인 제도는 그들이 '중국 모델'이라고 부르는 것이다. 즉, 가사 노동의 사회화와 합리화 그리고 공장에서의 자기 관리와 자기 통제다. 다시 말하면, 집에 좀더 많은 공장을 들여오고(가사 노동의 효율성과 생산성 향상), 공장에 좀더 많은 가족을 들여오는 것이다(노동에 대한 개인적 책임과 동일시 강화). 두 경우 모두 좌파는 그들이 신봉하는 자본주의적 유토피아를 옹호한다.

자기 관리와 자기 통제는 노동 계급을 착취하는 것일 뿐만 아니라, 이들을 자신의 착취 계획에 참여시키려는 자본주의적 시도를 표현한다. 자본주의 계획가들이 좌파만큼이나 자주 '소외'라는 단어를 사용하고, '직업 강화' '노동자 통제' '노동자 참여' '참여민주주의' 같은 완화제를 제공하는 것은 우연이 아니다.

가사 노동의 사회화 및 합리화(식당, 기숙사 등)와 관련해 자본은 종종 이런 가능성을 갖고 장난을 쳐왔다. 왜냐하면 돈의 측면에서 그러한 합리화는 절약을 의미할 것이기 때문이다.

이것이 러시아의 계획이었다. 이 나라에서는 여성의 팔을 공장에서 자유롭게 하기 위해 노동력 재생산의 속도를 높이는 것이 혁명 이후 최우선 과제 중 하나였다. 좌파의 꿈에서와 마찬가지로 사회주의 계획가들에게 영감을 준 지침은 모든 게 생산을 위해 기능하는 '생산자 사회'였다. 이런 관점에서 공동 부엌, 식당, 화장실을 갖춘 "하우스 코뮌(house-commune)"은 돈, 공간, 시간을 절약하고 "노동의 질과 생산성을 높이는" 완벽한 해결책으로 보였다.[6] 이런 프로젝트를 점차 그만두게 된 유일한 이유는 노동자들의 완고한 저항 때문이었다.[7] 아나톨 코프(Anatole Kopp)는 "총 5제곱미터라도 개인 공간으로 제공해줄 것"을 요구하는 노보시비르스크(Novosibirsk)에서 열린 여성 회의에 관해 보고한다. 1930년까지 볼셰비키 도시 계획가들은 다음과 같은 것을 인식해야 했다.

> 이른바 '하우스 코뮌' …… 노동자들의 방이 겨우 잠만 잘 수 있는 정도의 크기인 '코뮌 콘(commune-con)'에 대해 모두가 환멸을 느끼고 있다. 생활 공간과 편안함을 축소하는(싱크대, 화장실,

탈의실, 식당의 줄을 보라……) '코뮌 콘'이 노동 대중의 불만을 불러일으키기 시작했다.[8]

1930년대 이래로 러시아는 노동자를 훈련하고 노동력 공급을 보장하는 가장 효과적인 조직체로 핵가족을 옹호했고, 중국에서는 일정 정도의 사회화에도 불구하고 국가 역시 핵가족을 지지했다. 어쨌든 러시아의 실험은 그 목표가 생산과 노동일 때, 가사 노동의 사회화가 우리 삶의 추가적인 제도화를 의미할 뿐이라는 걸 보여주었다. 학교, 병원, 병영의 사례가 우리에게 계속해서 가르쳐주듯이 말이다. 그리고 이러한 사회화는 결코 가족을 없애지 못한다. 러시아와 중국처럼 공동체와 공장 수준에서 존재하는 '정치·문화위원회' 형태로 이를 단지 확장할 뿐이다.

공장 자본이 가족을 필요로 하는 것을 고려할 때, 좀더 구체적으로 전자의 규율은 후자의 규율에 근거하며 그 반대의 경우도 마찬가지다. 누구도 이 세상에 노동자로 태어나지는 않는다. 이것이 바로 별빛 깃발(중국 국기—옮긴이)이나 망치와 낫(러시아 국기—옮긴이)으로 치장하든 상관없이, 자본주의의 중심에서 우리가 항상 가족생활에 대한 찬미를 발견하는 이유다.

서구에서는 자본이 수년 동안 가사 노동을 합리화 및 사회화해왔다. 국가는 점차 더 큰 규모로 가족의 크기, 생활 조건,

주택, 교육, 치안, 약물 및 세뇌 등을 계획했다. 이것이 더 성공적이지 못했던 것은 가족 가운데 임금을 받지 못하는 사람, 즉 여성과 아이들이 반란을 일으킨 결과다. 이들의 반란은 가족이 더 생산적이게끔 되는 것을 방지하고, 때로는 가족이 역효과를 내도록 만들기도 했다. 좌파는 이처럼 자본주의가 가족을 규율하는 데 오랫동안 실패한 것을 비판해왔다. 그람시 동지는 1919년 초에 다음과 같이 언급했다.

> 이런 모든 요인은 성에 대한 모든 형태의 규제 및 새로운 생산 방식과 노동 방식에 적합한 새로운 성적 윤리를 창출하려는 모든 시도를 극도로 복잡하고 어렵게 만든다. 그러나 이런 규제를 꾀하고 새로운 윤리를 창출하려는 시도는 여전히 필요하다. ……진실은 생산과 노동의 합리화가 요구하는 새로운 유형의 인간은 성적 본능이 적절하게 규제 및 합리화되기 전까지는 발전할 수 없다는 것이다.[9]

오늘날 좌파는 더 조심스럽기는 해도—지금의 형태로든 더 합리적이고 생산적인 형태로든—우리를 부엌에 묶어두려는 의지가 덜하지는 않다. 그들은 공장 노동의 폐지를 원하지 않기 때문에 가사 노동이 없어지길 원하지 않는다. 그들은 우리가 두 가지를 모두 하길 원한다. 그러나 여기서 좌파는 자본을 괴롭히는 동일한 딜레마에 직면한다. 여성은 어디서 더 생산적일 수 있는가? 조립 라인에서, 아니면 베이비 라인(baby line)에서? 자본은 너무 비싼 다른 노동자를 대체하기 위해 값싼 공장 노동력으로 우리를 필요로 하지만, 잠재적인 말썽꾸러기를 거리에서 쫓아내기 위해 집에서도 우리를 필요로 한다. 트로츠키주의 노선(가사 노동은 야만적이다. 즉, 모든 여성은 공장으로 가야 한다)과 자유지상주의 노선(가사 노동은 사회주의다. 즉, 어떤 노동에도 임금을 지급해서는 안 된다) 사이의 외면상 차이점은 전반적인 자본주의 전략에서 단지 전술의 차이일 뿐이다. 자유지상주의자들은 가사 노동이 사회경제적 분류화를 벗어난다고 주장한다. "자본주의하에서 여성의 가사 노동은 생산적이지도 비생산적이지도 않다"[리즈 보걸(Lise Vogel)].[10] "우리는 가사 노동이 생산도 소비도 아니라고 결정해야 할 수도 있다"(캐럴 로페이트).[11] "가정주부는 노동 계급의 부분이기도 하고 아니기도 하다"[엘리 자레츠키(Eli Zaretsky)].[12] 그들은 가사 노동을 자본 외부에 위치 짓고 '사회적으로 필요한 노동'이라고 주장한다. 왜냐하면 가사 노동은 사회주의하에서도 어떤 형태로든 필요할 것이라고 믿기 때문이다. 그래서 리즈 보걸은 가사 노동이 일차적으로 유용한 노동이며 "올바른 조건하에서는 모든 노동이 일차적으로 유용해지는 미래 사회를 제시하는 힘을 가지고 있다"¹³고 주장한다. 이는 가족을 "우리 영혼을 살아 있게 지켜주는"¹⁴ 최후의 피난처로 바라보는 로페이트의 시각과도 일치한다. 그리고 "가정주부가 잉여 가치를 생산하기 때문이 아니라 사회적으로 필요한 노동을 하기 때문에 노동 계급과 노동 계급 운동에 필수적이다"¹⁵라는 자레츠키의 주장에서 정점을 이룬다.

이런 맥락에서 우리는 자레츠키가 "〔페미니즘과 사회주의〕 사이의 긴장은 …… 사회주의 시대까지 계속될 것이다. ……〔왜냐하면〕 사회주의 정권의 수립과 더불어 계급 갈등과 사회적 적대가 사라지는 것이 아니라, 종종 더 선명하고 명확한 형태로 나타나기 때문이다"¹⁶라고 말하는 것을 듣고도 놀라지 않는다. 정말 그렇다. 이런 유형의 혁명이 일어난다면, 우리는 가장 먼저 그에 맞서 싸울 것이다.

자본이 제안하는 것을 좌파가 날마다 제안할 때, 이를 반대하지 않는 것은 무책임하다. 가사 노동에 대한 임금이 여성을 집에다 제도화할 것이라는 비난은 모든 좌파 그룹에서 나왔다. 한편, 그들은 우리가 공장에서 제도화되고 있다는 사실을 기뻐한다. 여성 해방 운동이 집과 공장 모두에서 제도화된 여성들에게 권력을 부여한 순간, 좌파는 우리가 전복시키고자 하는 방향을 자본주의의 또 다른 필수적인 제도인 노동조합으로 돌리려고 애

썼다. 이것은 이제 미래의 좌파 물결이 되었다.

이 팸플릿을 통해 우리는 계급 노선을 취하는 좌파와 우리 자신을 구별하길 원한다. 선을 긋는 칼은 페미니즘적이지만, 그 칼은 여성으로부터 남성이 아니라 그 칼에 대한 감독을 목표로 하는 노동 계급으로부터 테크노크라시를 분리한다. 지금까지 우리는 아주 명백하게 말하는 것을 조심스러워했지만, 좌파는 우리가 그들을 지지하지 않으면 국가를 지지하는 것과 다름없다고 우리를 협박했다. 미국이 반대자들을 공산주의라고 비난하며 협박한 것, 그리고 러시아가 반대자들을 트로츠키주의라고 비난하며 협박한 것과 마찬가지 방식으로 말이다.

그 모든 것과 작별하자.

마르크스 《자본론》에서의 젠더와 재생산[1]

마르크스주의와 페미니즘에 관한 관심이 되살아나고 '젠더'에 대한 마르크스의 견해가 새롭게 주목받으면서, 이 주제에 대한 내 접근 방법을 형성하는 몇몇 합의 영역이 페미니스트 가운데서 떠오르고 있다.[2] 마르크스가 초기 저작에서부터 젠더 불평등과 특히 부르주아 가족의 여성에 대한 가부장적 통제를 비난했다고 하더라도,[3] 그가 "젠더와 가족에 관해서는 할 말이 별로 없었다"[4]는 것이 일반적인 의견이다. '젠더'를 여성과 남성 간 권력관계 그리고 그것이 구축 및 시행되는 규칙들의 체계를 지칭하는 것이라고 간주하면, 그렇게 정의한 '젠더'는 마르크스의 정치경제학 비판에서 분석 대상이 아니라는 증거가 있다. 심지어 주요 저작인《자본론》과《정치경제학 비판 요강》에서조차 이 주제에 관한 그의 견해는 산재해 있는 관찰들로부터 추론해야만 한다.

그럼에도 마르크스의 작업이 페미니즘 이론 발전에 주요한 공헌을 했다는 것에는 의심의 여지가 없다. 부분적으로 나는 마르크스가 여성에 대해 한 어떤 진술보다도 페미니스트에게 중요한 것은 그의 방법론이라는 마르타 기메네즈(Martha Giménez)의 의견에 동의한다.[5] 그의 역사적이고 유물론적인 방법은 '인간 본성'이 사회적 행동의 산물임을 보여줌으로써 우리가 젠더 위계와 정체성을 해체하는 데 도움을 주었을 뿐만 아니라,[6] 자본주의에 대한 그의 분석은 자본주의적 노동 조직과 "성, 인종, 계급" 사이의 관계에서 여성이 당했던 착취의 구체적 형태에 대해 사유할 수 있는 도구를 우리에게 제공했다.[7] 그러나 우리 중 몇몇은 마르크스를 활용하면서 그가 제시한 것과는 다른 방식으로 받아들이는 경우가 종종 있다.

그렇다면 마르크스의 젠더에 관해 글을 쓴다는 것은 이 주제에 관한 두 가지 다른 관점과 합의를 이룬다는 걸 의미한다. 한편에는 마르크스의 초기 저작과《자본론》제1권에 산재해 있는 그의 의견이 있다. 다른 한편에는 반자본주의/계급의 관점에서 페미니즘을 뿌리내리려고 시도하면서, 자본주의적 노동 착취에 관한 마르크스의 이론을 여성 노동과 재생산 조직에 대한 분석에 적용해온 페미니스트들의 견해가 있다. 그래서 나는 다음에 이어지는 내용을 두 부분으로 나누었다. 앞부분에서는 산업 노동에 종사하는 여성에 관한 《자본론》 제1권의 분석으로부터 추론할 수 있는 '젠더'에 대한 마르크스의 견해를 고찰한다. 여기서 나는 특히 여성의 가사 노동과 관련한 그의 침묵에 대해서도 논평한다. 나는 마르크스가 가사 노동 문제를 이론화하지 않은 채로 남겨두었다고 주장한다. 왜냐하면 그는 산업 생산의 발전과 더불어 여성의 산업 고용이 확대될 것이라 믿었고, 또한 노동력 재생산을 위해 (그리고 노동 계급 투쟁의 영역으로써) 재생산 노동이 모든 다양한 측면(가사 노동, 성 노동, 출산)에서 갖는 전략적 중요성을 간과했기 때문이다.

이는 가부장적 관계에 대한 마르크스의 비난에도 불구하고, 그가 남성적 관점—주로 백인으로서 임금을 받는 산업 노동자인 '노동하는 남성(working man)'의 관점—에서 이루어지는 자본과 계급에 대한 분석을 우리에게 남겨두었다는 것을 의미한다. 이들 노동하는 남성의 이름으로 제1인터내셔널이 결성되었고, 마르크스는 이들의 이해관계가 모든 부문에 걸친 프롤레타리아의 이해관계라고 생각했다. 이는 또한 이러한 분석에 힘입어 많은 마르크스주의자가 젠더를 자본주의적 노동 조직의 물질적 조건과 분리된 '문화적' 문제로 다루는 것이 정당하다고 느꼈고, 페미니스트를 의심의 눈으로 바라보며 그들이 노동 계급 내부에 분열을 심는다고 종종 비난했다는 걸 의미한다. 결과적으로 반식민지 운동과 마찬가지로, 페미니즘 운동도 마르크스에 대한 비판으로 이론화를 시작해야 했고, 그에 대한 완전한 함의는 우리가 아직 모색하는 중이다.

뒷부분에서는 나도 참여한 바 있는, 가사 노동에 대한 임금 운동 이론가들이 처음 전개했던 비판을 다시금 살펴본다.[8] 여기서 나는 우리가 자본주의에 대한 마르크스의 분석을 "정치적으로" 읽음으로써,[9] 마르크스의 사회적 재생산 이론을 확장해 가사 노동을 '노동력'을 생산하는 활동, 즉 자본주의적 생산과 부의 축적을 위한 필수 조건으로 재정의하는 데 초점을 둔 페미니즘 이론의 기초로 만들 수 있었다고 주장한다.

가사 노동과 '가정성(domesticity)'에 대한 거부에 의해 영감을 받은 관점에서 마르크스를 읽으면, 마르크스의 이론적 틀의 한계가 드러난다. 자본주의가 지배적 생산 양식으로 남아 있는 한 페미니스트들이 그의 작업을 무시할 수는 없지만, 그의 정치 이론에는 우리가 받아들일 수 없는 측면이 있다. 이는 특히 그의 노동 개념 및 노동자와 혁명 주체로서 자격을 둘러싼 그의 가정(assumption)과 관련해 더욱 그렇다.

산업 현장의 마르크스와 젠더

'젠더'에 대한 마르크스의 개념화는 《자본론》 제1권에서 가장 뚜렷하게 눈에 띄는데, 여기서 그는 처음으로 산업 혁명 동안 공장, 광산, 농업 '갱단(gangs)'의 여성 노동에 대해 고찰했다. 이것이 해협 양쪽에서 본 당시의 '여성 문제'였고 경제학자, 정치인, 자선가들은 여성의 공장 노동이 가족을 파괴하고 여성을 지나치게 독립적으로 만들며 남성의 특권을 찬탈하고 노동자의 저항에 기여했다고 비난했다.[10]

> 프랑스에서 여성 공장 노동자, 즉 '르브리에르(l'ouvrière)'의 상황은 도덕성, 경제 조직, 노동 계급의 상황에 관한 논쟁의 최전선에 있었다. 이는 또한 정치경제학의 관심을 이 시기에 격렬했던 여성에 대한 일반적 논쟁과 연결했다.[11]

영국에서는 마르크스가 《자본론》을 집필하기 시작할 무렵 이미 여성과 아동의 공장 노동을 제한하는 개혁이 진행 중이었다. 따라서 마르크스는 이 주제에 관한 풍부한 문헌을 참고할 수 있었는데, 그 대부분은 부과된 제한 사항을 준수했는지 확인하기 위해 정부가 고용한 공장 조사관이 작성한 보고서였다.[12]

이 보고서들의 전체 페이지는 《자본론》 제1권, 특히 '노동일'과 '기계와 대공업' 장에 인용되어 있는데, 자본주의 생산의 구조적 경향, 예를 들어 노동자의 물리적 저항을 제한하기 위해 노동일을 연장하고 노동력을 평가절하하며 최소의 노동자로부터 최대 노동을 끌어내려는 경향을 설명하는 데 쓰였다. 이 보고서를 통해 우리는 과로 및 공기와 음식 부족으로 죽어가는 바느질하는 여성들의 처지,[13] 식사도 못 한 채 하루 14시간 일하거나 석탄을 지면으로 끌어올리기 위해 반쯤 벗은 채 광산으로 기어 들어가는 어린 소녀들, 한밤중에 침대에서 끌려 나와 "부족한 생계를 위해 강제로 노동하며",[14] "착취할 수 있는 한 개의 근육, 힘줄 또는 피 한 방울이라도 남아 있는 한" 그들의 목숨을 앗아가는 뱀파이어 같은 기계에 의해 "도살당하는" 어린이들에 대해 배운다.[15]

    노예제를 제외하고 자본주의 노동의 잔인함을 이렇게 단호하게 묘사한 정치적 저술가는 거의 없었다. 마르크스는 이를 해냈고 칭찬받아 마땅하다. 특히 인상적인 것은 마르크스주의 문헌에서 타의 추종을 불허하는, 아동 노동의 야만적 착취를 비난하는 부분이다. 그러나 그 설득력에도 불구하고 그의 설명은 전반적으로 분석적이기보다는 서술적이며, 그것이 제기하는 젠더 문제에 대한 논의가 없다는 점이 주목할 만하다.

예를 들어, 우리는 공장의 여성과 아동 고용이 여성과 남성의 관계를 어떻게 변화시켰는지, 그것이 노동자들의 투쟁에 어떤 영향을 줬는지, 노동자 조직들 사이에서 어떤 논쟁을 촉발했는지 알 수 **없다**. 대신에 우리는 공장 노동이 "난잡한" 행동을 조장하고 여성이 모성 의무를 소홀히 하게끔 만들어 여성의 "도덕적 품성"을 떨어뜨리는 결과를 가져왔다는 설명을 듣는다. 마찬가지로 자신을 위해 싸울 수 있는 행위자로서 여성 공장 노동자들에 대한 설명도 부재하다.[16] 동시대인들이 그들의 독립성, 활기찬 행동, 그들의 방식을 바꾸려는 공장 소유주의 시도에 맞서 자신의 이해를 방어하는 능력을 지적했음에도 불구하고, 대부분의 경우 여성 "공장 노동자(factory hands)"는 희생자로 등장한다.[17]

'젠더'와 노동력의 재생산

젠더 문제는 《자본론》에서 주변적 위치를 차지한다. 수천 쪽에 달하는 세 권의 책에서 우리가 가족에 대해, 즉 섹슈얼리티와 가사 노동에 대해 볼 수 있는 언급은 겨우 100쪽 정도에 불과하고, 이 또한 일반적으로 스쳐 지나가는 관찰에 불과하다. 노동의 사회적 분업, 임금, 노동력 재생산에 관한 장처럼 우리가 가장 기대하는 곳에서도 젠더에 대한 언급은 빠져 있다. 가족 내에서 성적 노동 분업의 존재를 인정할 때조차 마르크스는 이것이 생리학적 기초를 가지고 있다는 점만 주시했을 뿐, (자연화에 기초한 '여성성'과 가족 관계의 정당화에 반대해) 생리학이 항상 사회적이고 문화적인 매개라는 필터를 통해 이해 및 작동된다는 점을 명시하지 못했다.[18]

임금에 관한 장에서, 임금 형태와 이것이 잉여 노동 추출을 은폐한다는 사실을 논의한 후, 그의 주된 관심사는 '명목 임금'과 '실질 임금' 간의 차이와 성과급 문제를 명확히 하는 쪽으로 넘어간다. 우리는 임금 형태가 여성이 가정에서 하는 재생산 노동과 노동력 재생산에 대한 기여를 어떻게 은폐하는지에 대한 어떤 언급도 발견할 수 없다.

마르크스는 노동력, 즉 우리의 노동 능력이 당연하게 주어진 게 아니라는 점을 인정한다. 노동 과정에서 매일 소비되는 노동력은 지속적으로 재생되어야 하며, 이러한 (재)생산은 "기계 청소"만큼 자본의 가치화에 필수적이다. 왜냐하면 "그것이야말로 자본가의 가장 귀중한 생산 수단, 즉 노동자 그 자체의 생산이기 때문이다".[19] 그러나 그는 이런 생산을 상품 생산의 순환 체계 내에서만 위치 짓고, 노동자 훈련과 관련한 활동만을 유일한 예외로 두었다. 마르크스는 노동자들이 자신의 임금으로 생활필수품을 구입하고, 그것을 소비함으로써 자신을 재생산한다고 상상한다. 그가 묘사하는 것은 문자 그대로 임금 노동자가 생산한 상품을 통한 그들의 (재)생산이다. 따라서 "노동력의 가치는 그 소유자의 유지에 필요한 생계 수단의 가치"이며, 이는 노동자가 소비하는 상품의 생산에 필요한 노동 시간에 의해 결정된다.[20]

《자본론》에서 마르크스는 노동력의 재생산에는 음식 준비, 빨래와 옷 수선, 청소, 자녀 양육, 사랑 나누기 등의 가사 노동이 요구된다는 점을 인식하지 못한다. 그에게 "가사 노동(domestic work)"은 오늘날 우리가 "가정에서 하는 일(homework)"이라고 부르는 것, 즉 집에서 수행되는 유급 노동이다.[21] 마르크스는 노동자의 임금으로 살 수 있는 '생계 수단'을 생산하는 데 필요한 노동 외에는 노동자의 노동력 재생산에 필요하거나 노동력의 가치에 기여하는 것으로 간주하지 않는다. 따라서 노동자들이 충족시켜야 할 필요와 그들의 생활필수품을 고려할 때 "식량, 의복, 연료, 주택"만을 열거하며,[22] 가족 관계에서 얻은 것이든 구매한 것이든 관계없이 섣부르게 섹스(sex)를 생략한다. 그는 또한 유럽의 노동력 재생산을 위한 가장 중요한 상품 중 일부, 즉 산업혁명을 촉진한 상품(커피, 설탕, 담배, 면화)이 미국 농장의 노예 노동을 통해 생산되었다는 사실을 무시한다.

단지 몇몇 구절에서 마르크스는 여성의 가사 노동에 대한 침묵을 깼지만, 대부분 그것을 '가족노동'이라고 언급했다. '기계와 대규모 산업' 장에 있는 한 각주에서, "자본은 자기 가치화를 위한 목적으로 소비에 필요한 가족노동을 침범했다"[23]고 지적한 후, 그는 다음과 같이 논평했다.

> 아이를 돌보고 젖을 먹이는 것과 같은 일정한 가족 기능은 완전히 억제할 수 없으므로, 자본에 의해 징발된 어머니들은 일종의 대체제를 마련해야 한다. 바느질이나 수선 같은 집안일은 기성품을 구매하는 것으로 대체해야 한다. 따라서 집안에서 노동에 대한 지출이 감소하는 동시에 외부에서 지출되는 돈이 증가한다. 그래서 노동 계급의 생산 비용은 증가하고 그들의 더 많은 소득과 균형을 이룬다. 게다가 소비와 생활 수단을 준비하는 데 절약과 판단이 불가능해진다.[24]

그러나 '완전히 억제할 수 없으며' 구매한 상품으로 대체해야 하는, 그래서 가족 소득의 감소를 가져오는 이러한 가사 노동에 대해서는 더 이상 언급하지 않는다. 노동력의 세대 재생산을 논의할 때조차도, 마르크스는 이에 대한 여성의 기여에 대해서는 언급하지 않고 이를 "인구의 자연적 증가"라고 지적하며, 프롤레타리아 여성들이 새로운 출산을 두려워하고 피임 방법이 노동자들 사이에서 널리 논의된다는 것을 분명 알고 있었을 텐데도, "자본가는 이를 노동자의 자기 보존과 증식에 대한 욕구에 안전하게 맡겨도 된다"[25]고 논평한다.

그렇다면 마르크스는 왜 이러한 침묵을 했을까

마르크스가 집안일 같은, 날마다 집에서 그의 눈앞에 펼쳐졌을 보편적인 노동 형태를 인식하지 못한 이유를 설명하기 위해, 나는 이전 논문에서 (온 가족이 해가 뜰 때부터 해가 질 때까지 공장에 매여 있었다는 걸 감안할 때) 마르크스가 그 글을 쓸 당시 프롤레타리아 공동체에서는 집안일이 거의 부재했다는 걸 강조한 바 있다.[26] 마르크스주의자들 사이에서는 현재 이것이 가장 일반적인 설명이며,[27] 마르크스 자신도 이런 결론에 도달했다. 그는 산업 지역의 건강 상태를 평가하기 위해 영국 정부가 파견한 의사의 말을 인용하면서, 미국의 남북전쟁으로 인해 발생한 면화 공장 폐쇄가 적어도 한 가지 유익한 효과를 가져왔다고 지적했다.

이제 여성들은 고드프리 강심제(아편제)로 유아를 중독시키는 대신 젖을 줄 만큼 충분한 여가 시간을 갖게 되었다. 요리를 배울 시간도 있었다. 불행하게도 그들이 이런 기술을 습득한 것은 요리할 게 아무것도 없을 때였다. ……이러한 위기는 재봉 학교에서 노동자들의 딸들에게 재봉을 가르치는 데에도 활용되었다.

그리고 마르크스는 이렇게 결론 내렸다. "전 세계를 위해 실을 잣는 소녀들이 바느질을 배우기 위해서는 미국 혁명과 보편적 위기가 필요했다!"[28]

여성 공장 노동자들의 가사 노동 기술 붕괴에 대한 마르크스의 주장은 확실히 옳았고, 부르주아조차 이를 한탄했다. 하지만 그와 엥겔스가 기록한 노동자 재생산에 필요한 시간과 자원의 급격한 감소가 보편적인 상황은 아니었다. 공장 노동자는 여성 노동 인구의 20~30퍼센트에 불과했고, 그들 가운데서도 일단 아이를 낳고 나면 공장 노동을 그만두는 경우가 많았다. 더욱이 19세기 중반에는 여성 작업자들이 토요일 오후를 자유롭게 쓸 수 있었다. 산업 지역에서는 가사 노동이 '자본에 의해 침범받는' 상황이 계속되었을 수 있다. 밤과 일요일에는 여성 공장 노동자들이 자녀를 돌보기 위해 고용한 젊은 여성이나 나이 든 여성이 가사 노동을 수행했다. 게다가 우리가 살펴본 것처럼 공장 노동과 여성의 '재생산 의무' 사이의 갈등은 마르크스 시대의 핵심 쟁점이었고, 이는 마르크스가 인용한 공장 보고서와 그것들이 만들어낸 개혁이 입증한다. 1830년대에는 가사 노동과 가족이 사회주의자, 무정부주의자 그리고 떠오르는 페미니즘 운동 사이에서 활발한 토론의 중심에 있었다.[29]

재생산 활동은 샤를 푸리에(Charles Fourier) 같은 초기 사회주의 저자들에게 중요한 주제였는데, 그는 가장 힘들고 불쾌한 일조차도 이를 아이들 손에 맡기면 놀이로 바뀔 수 있음을 보여주기 위해 독창적인 이론을 정교화했다.[30] 더 중요한 것은 가사 노동이 오웬주의적 사회주의자 여성들 사이에서 논쟁적인 사안이었다는 점이다. 이 여성들은 1830년대와 1840년대에 공동 육아에 대해 널리 논의하고 "종종 자녀를 품에 안고 다니는 많은 여성을 포함해"[31] 수천 명이 모이는 회의를 개최했다.

그렇다면 왜 다시 마르크스는 이러한 침묵을 했을까

의심할 바 없이, 그 대답의 일부는 마르크스가 여성의 재생산 노동을 자연스럽고 본능적이며 준(準)생물학적 활동으로 여기는 가부장적 경향에 면역되지 않았다는 데 있다. 자본주의 발전의 첫 번째 단계에서 여성의 재생산 노동은 단지 자본주의적 생산에 "형식적으로 포섭"되었을 뿐이다.[32] 즉, 여성의 재생산 노동은 아직 노동 시장의 특정 요구에 맞추어 그것의 자연화에 기여할 정도로 재구성되지는 않은 상태였다. 마르크스는 영향력 있는 이론가로서, 가사 노동이 비록 오래되고 자연스러운 활동이자 개인적인 서비스처럼 보이지만, 실제로는 상품 생산과 마찬가지로 역사적으로 특정한 유형의 노동, 즉 교환 가치 법칙이 지배하지 않는 사회에서는 결코 존재한 적이 없고, 프롤레타리아 공동체에서 노동력 생산에 필수적인 생산과 재생산 분리의 산물이라는 점을 깨달았어야만 했다.[33]

마르크스가 집안일에 대해 침묵한 것은 "가사 노동을 혁명적인 방향으로 전환할 수 있는 사회 세력을 보지 못했기" 때문일까? 해리 클리버(Harry Cleaver)가 주장하듯 우리가 "마르크스를 정치적으로 읽는다면" 이는 타당한 질문이며,[34] 우리는 그의 이론화가 항상 조직적 함의와 잠재력에 관심을 두었다는 사실을 고려해야 한다.[35] 또한 그는 가사 노동에 대한 주목이 산업 노동으로부터 여성의 배제를 정당화하기 위해 이를 미화하는 노동조합과 부르주아 개혁가들의 손에 들어갈 것을 두려워했기 때문에 가사 문제에 조심스러웠을 가능성도 있다.[36] 그러나 더 그럴듯한 대답은 가사 노동에 대한 마르크스의 무관심이 더 깊은 뿌리를 내리고 있었다는 것이다. 즉, 노동이 무엇인지, 노동에서 가치 있는 것은 무엇인지, 그리고 어떤 형태의 노동이 자본주의적 발전 및 '계급 투쟁'과 관련 있는지에 대한 그의 개념에서 비롯되었다는 것이다.

마르크스의 노동 개념에 관하여

마르크스의 '노동(work)'은 질적으로 다른 활동과 사회적 관계를 가리킨다. 이는 의식적이고 스스로 결정한 목적을 실현하기 위해 어떤 외부적 제약 없이 수행하는 '자유로운 활동', 즉 우리의 정신적이고 육체적인 힘의 자유로운 사용―그의 관점에서 볼 때 가장 높은 형태의 노동, 요컨대 종(species)으로서 우리의 존재와 우리 삶의 일차적인 필요를 확인하는 노동―에서부터 우리의 물질적 필요를 충족하는 다양한 형태의 노동에 이르기까지 다양하다.

마르크스에게는 필요에 따라 수행하지만 착취적이지 않은 활동과 외부 명령이라는 강제하에 수행하는 활동 사이에는 분명히 엄청난 차이가 있었다. 전자에 대해 마르크스는 "사용 가치의 창조자로서" "노동은 모든 형태의 사회로부터 독립적인 인간 존재의 조건이다. 그것은 인간과 자연 사이의 신진대사, 따라서 인간의 삶 그 자체를 중재하는 영원한 자연적 필요성이다"라고 썼다.

그 대신 후자는 마르크스에게 소외된 노동, 즉 자기실현이라기보다는 자기 소외다.[37] 그럼에도 그는 임금 산업 노동을 긍정적으로 바라보며 형성적(formative) 성격을 부여하고, 그것이 노동자에게 경제생활과 사회생활 관리에 필요한 기술·지식·태도를 갖추게끔 한다고 주장했다.[38] 더욱이 마르크스는 산업 노동을 (일단 노동자의 통제하에 두게 되면) 고도로 생산적이고 협력적인 형태의 노동으로 평가했다. 우리의 필요를 충족하기 위해 바쳐야 하는 시간과 에너지를 줄여줌으로써 (마르크스의 설명에 따르면) 문학적·예술적·과학적 추구—매일의 가사 노동 과제와는 아주 거리가 먼—로 구성되는 "더 높은 활동"[39]을 향해 우리를 해방시킬 수 있기 때문이다.

나는 마르크스가 가사 노동을 무시했다고 제안한다. 왜냐하면 가사 노동은 내가 설명한 적 있는 의미의 '자유로운 활동'이 아니고 생존의 필요성에 의해 철저히 오염되었으며, 우리를 수고로움으로부터 해방할 수 있는 것도 아니며, 오히려 낡은 노동 형태이자 사회의 퇴화한 전통으로서 산업화의 진전에 따라 곧 대체될 것이기 때문이다.

마르크스는 재생산 노동, 특히 가사 노동이 공산주의하에서 어떻게 (재)조직될 것인지 심사숙고하지 않았다. 엥겔스와 마찬가지로 그도 여성이 공장에 합류해 남성과 평등을 이루는 포스트자본주의 세계를 기대하며, 여성이 "사회적 생산"⁴⁰에 진입하는 걸 가능케 한 산업화를 찬양했는데, 아마도 그들은 한 번도 여기에 참여한 적이 없을 것이다.⁴¹ 이런 취지에서 그는 '기계와 대규모 산업' 장의 마지막에서 아동 공장 노동자에 대한 초등 교육 도입을 논의하면서 다음과 같이 썼다.

> 자본주의 체제 내에서 기존 가족의 해체가 아무리 끔찍하고 역겹게 보일지라도, 대규모 산업은 사회적으로 조직된 생산 과정에서 가내 경제 영역 밖에 있는 여성·젊은이·아이들에게 중요한 역할을 할당함으로써, 더 높은 형태의 가족과 남녀 관계를 위한 새로운 경제적 기반을 창출한다.⁴²

마르크스가 이런 예측을 한 것은 실수였다. 계급 전쟁과 노동력의 소멸 가능성에 위협을 받는 자본가 계급은 처음에는 영국에서, 그다음에는 미국에서 마르크스가 《자본론》 제1권을 마무리하고 있던 바로 그해에 광범위한 사회 개혁을 시작했고, 이는 젠더 불평등을 심화시켰던 여성 산업 노동력의 급격한 감소와 노동 계급 가족의 재건을 이끌었다.

마르크스는 이러한 변화를 예상하지 못했다. 그는 자본주의 체제가 초래한 엄청난 생활의 낭비를 인식하고 있었지만, 여성과 어린이를 점차 공장에서 추방하는 '보호법' 도입의 위기에 처해 있던 것이 공장 노동 개혁 이상의 것임을 깨닫지 못했다. 여성 노동 시간의 축소는 노동력의 일상적이고 세대적인 재생산을 충족하기 위해 프롤레타리아 여성을 가정에 재배치하는 새로운 계급 전략의 일환이었다. 이런 움직임을 통해 자본은 1870년대에 다시 등장한 노동 계급 반란의 위협을 떨쳐버릴 수 있었을 뿐만 아니라 새로운 유형의 노동자, 즉 더 강하고, 더 규율 있고, 더 탄력적이며, 체제의 목표를 자신의 목표로 인식하는 경향이 더 강한 노동자—실제로 자본주의 생산의 요구를 "자명한 자연 법칙"[43]으로 바라보는 유형의 노동자—를 창출할 수 있었다. 이러한 유형의 노동자 덕분에 세기말 영국과 미국 자본주의는 경공업에서 중공업으로, 섬유에서 철강으로, 노동일 연장에 기반한 잉여 노동 추출에서 노동일 단축에 대한 보상으로 착취를 강화하는 방식의 기술적이고 사회적인 전환을 이룰 수 있었다.

　내가 이 책 뒷부분에서 주장하듯이,[44] 노동 계급 가족과 전업 프롤레타리아 주부의 탄생은 절대적 잉여에서 상대적 잉여로의 이행에 핵심적인 부분이었다. 이 과정에서 가사 노동 자체는 '실질적 포섭' 단계를 거쳤다. 즉, 처음으로 노동 시장의 요구와 자본주의적 노동 규율에 이를 더욱 긴밀하게 결합하는 국가 주도의 계획 대상이 되었다. (나라에 막대한 부를 가져오고 노동자의 급여 또한 상승한) 영국 제국주의 팽창의 전성기와 맞물려 이러한 혁신이 노동력을 진정시킨 유일한 요인은 아니었다. 그러나 이는 나중에 포드주의와 뉴딜 정책으로 정점을 찍은 전략이 시작된 획기적 사건이었고, 이로써 자본가 계급은 좀더 규율 있고 생산적인 노동력을 창출하기 위해 노동력 재생산에 투자하게 되었다. 1970년대까지 지속된 이러한 '협상'은 국제적 여성 투쟁과 페미니즘 운동이 고조됨으로써 종식을 고했다.

페미니즘, 마르크스주의 그리고 재생산 문제

마르크스가 일반적으로 산업 노동으로 이해되는 사회적 생산 참여를 통한 '여성 해방'의 주창자로서 여러 세대의 사회주의자에게 영감을 주는 동안, 1970년대 가사 노동과 남성에 대한 경제적 의존에 반기를 든 페미니스트들은 또 다른 마르크스를 발견했다. 이들은 마르크스의 저작으로 시선을 돌려 여성 억압을 계급 관점에서 설명할 수 있는 이론을 찾아 나섰다. 그 결과는 마르크스주의와 페미니즘 모두를 변화시킨 이론적 혁명이었다.

가사 노동을 노동력 생산의 핵심 요소로 분석한 마리아로사 달라 코스타,[45] 가정주부를 자본 축적의 핵심에 있는 무임금 프롤레타리아 세계와 연속선상에 위치시킨 셀마 제임스[46]는 모두 임금 관계를 착취의 모든 영역을 자연화하고 은폐하기 위한 도구로 재정의했다. 이러한 이론적 발전과 그들이 제기한 논의는 당시 '가사 노동 논쟁'으로 불렸는데, 아마도 가사 노동이 생산적인지 아닌지 문제에 집중했던 것으로 보인다. 이는 심각한 왜곡이다. 여성이 집에서 하는 무급 노동이 노동력 생산의 핵심을 이룬다는 사실을 발견한 것은 가사 노동뿐만 아니라 자본주의 자체의 본질과 자본주의에 맞서는 투쟁 또한 재정의했다.

'단순 재생산'에 대한 마르크스의 논의가 이 과정에서 이론적으로 조명된 것은 놀라운 일이 아니다. 마르크스에게서 노동력 재생산 활동이 자본주의 축적에 필수적이라는 주장을 발견한 것은 우리의 거부가 갖는 계급적 차원을 드러낸다. 이는 이처럼 멸시받던 노동, 즉 사회주의자들이 항상 당연한 것으로 여기고 뒤처진 것으로 일축해온 노동이 실제로는 노동의 자본주의적 조직화의 기둥이었다는 걸 보여주었다. 아울러 젠더와 계급 사이의 관계라는 난해한 문제를 해결하고, 가족의 기능뿐만 아니라 자본주의 사회의 뿌리에 있는 계급 적대의 깊이를 개념화할 수 있는 도구를 제공했다. 실천적 관점에서 볼 때, 여성으로서 우리는 노동 계급의 일원으로 반자본주의 투쟁에 참여하기 위해 공장에서 남성과 합류할 필요가 없다는 게 확인되었다. 우리는 노동력 생산의 "신경 중추(nerve center)"인 집에서 우리 자신의 노동을 출발점 삼아 자율적으로 투쟁할 수 있다.[47] 그리고 우리의 투쟁은 먼저 우리 가족의 남자들에게 맞서는 것이어야 한다. 왜냐하면 자본주의는 남성의 임금·결혼·사랑의 이데올로기를 통해 남성에게 우리의 무급 노동을 감독하라고 명령하며, 우리의 시간과 공간을 규율할 수 있는 권한을 부여했기 때문이다. 아이러니하게도, 노동력 재생산에 대한 마르크스주의적 분석과 이것의 전유는 어떤 면에서는 페미니즘과 관련해 마르크스의 중요성을 신성시하기도 했지만, 또한 마르크스가 자신의 저작에서 배제한 '사회적 공장'의 부분으로부터 우리의 투쟁을 시작해야 한다는 결정적 증거를 우리에게 제공했다.

자본 축적을 위한 재생산 노동의 중심성 발견은 임금을 받는 프롤레타리아 형성의 관점이 아니라 노동력이 매일 그리고 세대별로 생산되는 부엌과 침실의 관점에서 보면, 자본주의 발전의 역사가 어떤 모습일지에 대한 의문을 제기했다. 자본주의 역사 ─ '여성의 역사'나 임금 노동의 역사를 넘어선 ─ 에 대한 젠더화한 관점의 필요성은 그 누구보다도 내게 마르크스의 원시적 축적에 대한 설명을 재사유하고, 16세기와 17세기의 마녀사냥을 여성 노동의 평가 절하와 특히 자본주의 성적 노동 분업의 출현을 위한 근본적인 계기였음을 인식하게끔 했다.[48] 이와 동시에

(마르크스의 예상과는 반대로) 원시적 축적이 영구적 과정이 되었다는 깨달음은 자본주의 발전이 공산주의 사회 건설의 필수 조건이라는 마르크스의 개념에도 의문을 제기하게끔 했다. 이는 자본주의를 우리가 자유를 향한 도정에서 거쳐야만 하는 연옥으로 묘사하는 마르크스의 단계적 역사관을 무효화했다.

여성의 노동과 재생산에 대한 마르크스의 평가 절하를 인류의 역사적 사명은 자연의 지배라는 그의 견해와 연결한 에코페미니즘의 부상은 우리의 입장을 강화했다. 마르크스가 재생산 활동을 삭제한 것은 《자본론》에서 그가 여성에게 할당한 과제에 따른 우연적 요소가 아니라 체계적 요소임을 보여준 마리아 미즈(Maria Mies)와 아리엘 살레(Ariel Salleh)의 작업은 특히나 중요했다. 살레는 다음과 같이 말했다.

> 마르크스의 모든 저서는 인간과 기술에 의해 창조된 것이 더 높은 가치를 갖는다는 걸 확증한다. 역사는 최초의 생산 행위에서 시작되고, 인간은 노동을 통해 자신을 실현하며, 인간의 자기실현 척도는 자연을 지배해 이를 인간의 필요에 적응하게 하는 능력이며, 모든 긍정적인 변혁적 활동은 남성적인 것으로 생각된다. 노동은 아버지로, 자연은 어머니로 묘사된다.[49]

대지 역시 여성적인 것으로 여겨진다—마르크스는 대지를 무슈 자본(Monsieur le Capital)에 대비해 마담 대지(Madame la Terre)라고 부른다.

오늘날 산업화의 해방 효과에 관해 마르크스와 여러 세대에 걸친 마르크스주의 사회주의자들이 저지른 오판은 너무나 명백하다. 아우구스트 베벨(August Bebel)이 《사회주의하에서의 여성》(1903)에서 언급한 것처럼, 모든 음식을 화학적으로 생산해서 모든 이가 단백질·지방·탄수화물이 든 음식을 먹기 위해 하루 중 시간이나 계절에 상관없이 화학 물질이 담긴 작은 상자를 갖고 다니게 될 날을 누구도 감히 꿈꾸지 못할 것이다.[50] 이제 새로운 디지털 형태의 산업화가 지구를 잠식하고, 자본주의 발전에 봉사하는 과학자들이 여성의 몸 밖에서 생명을 생산하는 일에 손을 대고 있는 가운데, 산업화를 우리의 모든 재생산 활동과 세계의 구석구석으로까지 확장하려는 생각은 농업의 완전한 산업화로 우리가 이미 경험하고 있는 것보다 끔찍한 악몽이다.

놀랄 것도 없이 우리는 급진적인 집단에서 '패러다임 전환'을 목격하고 있으며, '역사적 진보'의 원동력인 기계에 대한 희망이 우리 삶의 재생산과 우리가 살고 있는 생태계의 생명으로부터 생겨나는 쟁점·가치 및 관계에 다시금 정치적 활동의 초점을 맞추는 것으로 대체되고 있다. 말년에 마르크스 역시 자신의 역사적 관점을 재고하고, 미국 북동부의 평등주의적 모계 공동체에 관해 읽으면서 자본주의적 산업 발전에 대한 자신의 이상화를 재사유하며 여성의 힘을 높이 평가하기 시작했다고 한다.[51] 그럼에도 마르크스와 전체 마르크스주의 전통이 촉진했던 기술 발전에 대한 프로메테우스적 관점은 그 매력을 잃지 않고 다시금 주목을 받고 있으며, 디지털 기술이 마르크스가 자동화에 부여한 것과 동일한 해방적 역할을 하고 있는 가운데 (페미니스트들이 전환과 투쟁의 영역으로 평가했던) 재생산과 돌봄 노동의 세계는 다시 한번 그늘에 가려질 위험이 있다. 비록 마르크스가 자신의 저작에서 '젠더' 문제에 한정된 공간을 할애하고 나중에 자기 견해 일부를 바꿀 수 있었다 하더라도—내가 이 논문에서 시도하는 것처럼—이 사안에 대한 그의 침묵은 단지 간과가 아니라 그의 이론적이고 정치적인 작업은 극복하지 못했지만, 우리의 작업이 극복해야만 하는 한계의 표시라는 점을 강조하는 게 중요한 이유가 바로 이것이다.

마르크스, 페미니즘 그리고 커먼즈의 구성[1]

> 공산주의는 우리에게 확립해야 할 상태나 현실이 스스로 적응해야 할 이상이 아니다. 우리는 공산주의를 현 상태를 폐지하는 실제 운동이라고 부른다. 이 운동의 조건은 현재 존재하는 전제에서 비롯된다.
> —카를 마르크스 & 프리드리히 엥겔스, 《독일 이데올로기》[2]

서론

마르크스주의는 우리 시대의 페미니즘 이론과 정치에 어떤 도구, 원칙, 아이디어를 가져다줄 수 있는가? 오늘날 우리는 하이디 하르트만(Heidi Hartman)이 1979년 논문[3]에서 표현한 바 있는 "불행한 결혼" 이외에 마르크스주의와 페미니즘 사이의 관계를 생각해볼 수 있는가? 마르크스주의의 어떤 측면이 21세기 페미니즘과 공산주의를 재구상하는 데 가장 중요한가? 마르크스의 공산주의 개념은 오늘날 많은 급진적인 페미니즘적 사고에 영감을 주는 정치적 패러다임인 커먼즈(commons: 보통 공유지, 공유물, 공동 자원 등으로 다양하게 번역하고 있으나 여기서는 원서의 느낌을 살려 '커먼즈'로 옮겼다―옮긴이) 원칙과 어떻게 비교되는가?

이런 질문을 하면서 나는 지구 전체에 걸쳐 야영지와 광장에서 시작된 자본주의의 대안 구상을 둘러싼 대화에 동참한다. 그곳에서는 모순이 넘쳐나면서도 새로운 창의적 가능성이 충만한 방식으로 '커머너(commoner)' 사회가 생겨나고 있으며, 자본주의 시장 논리에 지배되지 않는 사회적 공간과 관계를 구축하기 위해 노력 중이다.

하지만 21세기를 위한 마르크스 공산주의 비전의 유산을 평가하는 것은 쉬운 일이 아니다. 마르크스 사상의 복잡성에 추가된 것은 파리 코뮌의 패배 이후 생애 마지막 시기에 그가 특히 공산주의 사회 건설을 위한 물질적 전제 조건과 관련해 자신의 정치적 공리(公理) 중 일부를 명백히 포기했다는 사실이다.[4] 또한 그의 두 주요 저작 《자본론》과 《정치경제학 비판 요강》[5] 사이에 중요한 차이점이 있다는 주장도 있으며, 무엇보다도 마르크스는 그의 사상을 어떤 고정된 공식을 통해 파악할 수 있는 저술가가 아니다. 왜냐하면 "그의 정치적 설계에 따라 그의 분석 수준이 계속 변화했기"[6] 때문이다.

그러나 두 가지는 확실하다

마르크스가 우리에게 준 정치적 언어는 자본주의 너머의 세계를 생각하는 데 여전히 필수적이다. 잉여 가치, 화폐, 상품 형태에 대한 그의 분석 그리고 무엇보다도—역사와 계급 투쟁에 물질적 기초를 제공하고 경제적인 것을 정치적인 것에서 분리하는 걸 거부하는—그의 방법론은 현대 자본주의를 이해하는 데 충분하지는 않지만 여전히 필수적이다. 놀랄 것도 없이 글로벌 경제 위기가 심화하면서 마르크스의 작업에 관한 관심이 되살아났는데, 이는 지배적 학문이 그의 이론이 사라졌다고 선언한 1990년대에는 많은 이들이 예상할 수 없었던 일이다. 그 대신에 현존하는 사회주의의 잔해 속에서 '원시적 축적' '전환' 양식 및 공산주의의 역사적이고 윤리적인 의미와 가능성의 문제를 둘러싼 광범

위한 논쟁이 출현했다. 마르크스 이론은 페미니즘, 무정부주의, 반인종주의 및 퀴어 원칙과 혼합되어 유럽·아메리카 및 그 너머의 반란자들에게 계속해서 영향을 미치고 있다. 반자본주의 페미니즘은 마르크스를 간과할 수 없다. 실제로 스티비 잭슨(Stevi Jackson)이 주장한 것처럼 "1980년대 초까지 페미니즘 이론 내의 지배적 관점은 대개 마르크스주의로부터 영향을 받거나 그것과의 대화 속에서 형성되었다".[7] 그러나 마르크스의 범주에는 새로운 토대를 마련해야 하고, 우리가 "마르크스를 넘어"[8] 나아가야 한다는 데에는 의심의 여지가 없다. 이는 마르크스의 시대 이후 발생한 사회적·경제적 전환 때문만이 아니라 자본주의적 관계에 대한 그의 이해의 한계 때문이기도 하다. 이런 한계가 갖는 정치적 의미는 마르크스 이론이 무시하거나 주변화한 사회적 주제들을 세계 무대에 등장시킨 지난 반세기 동안의 사회 운동으로 가시화되었다.

페미니즘과 사회적 재생산의 관점

페미니스트는 이 과정에서 중요한 기여를 했지만, 그들만이 그런 것은 아니었다. 1950년대와 1960년대에 반식민지 투쟁의 여파로 프란츠 파농(Frantz Fanon) 같은 정치 이론가들은—마르크스의 분석처럼 거의 전적으로 임금 노동에 초점을 맞추고 대도시 산업 프롤레타리아의 전위적 역할을 당연한 것으로 간주함으로써[9]—축적과 반자본주의 투쟁 과정에서 노예, 피식민자 및 임금을 받지 않는 이들을 주변화한 분석에 의문을 제기했다. 이런 정치 이론가들은 식민지의 경험이 '마르크스주의 전체'에 대한 재사유를 요구한다는 점, 마르크스주의 이론을 세계 인구 75퍼센트의 경험을 통합하기 위해 재구성해야 한다는 점, 그렇지 않으면 더 이상 해방의 힘을 갖지 못하고 오히려 혁명적 변화의 장애물이 될 것이라는 점을 깨달았다.[10] 20세기의 혁명을 이끈 농민·인민·룸펜은 정통 마르크스주의자와 좌파 정당이 그들에게 그렇게 하라고 조언한 것처럼, 미래의 프롤레타리아화나 새로운 세계 질서를 요구하는 '생산력의 발전'을 기다릴 의도가 전혀 없었다. 듀보이스(W. E. B. Du Bois)에서 세드릭 로빈슨(Cedric Robinson)에 이르는 미국의 흑인 혁명가들은 마르크스의 저작에는 자본주의 사회의 구조적 특성으로서 인종 불평등과 자본주의적 노동 착취에 대한 분석이 없다는 점을 차례로 강조했다.[11]

일부 생태사회주의자를 포함한 생태주의자 또한 마르크스가 인간과 자연의 관계에 대한 비대칭적이고 도구적인 관점을 장려하고, 인간과 노동을 유일한 활동적 행위자로 제시하며 자연의 내재적 가치와 자신을 조직하는 잠재력을 부정한 것을 문제 삼았다.[12] 그러나 마르크스주의에 대한 더 체계적인 비판을 분명하게 표현할 수 있었던 것은 페미니즘 운동의 부상과 더불어서였다. 왜냐하면 페미니스트는 세계의 임금 없는 사람들은 물론이고 방대한 인구의 사회적 주체(여성, 어린이, 때로는 남성)를 테이블에 올려놓았기 때문이다. 이들이 들판·부엌·침실에서 하는 매일의 노동은 노동력을 생산 및 재생산하며, 이와 함께 마르크스와 마르크스주의 정치 전통이 거의 다루지 않은 사회적 재생산 분야에 관한 일련의 쟁점과 투쟁 또한 생산 및 재생산한다.

이러한 비판에서 출발해 나는 마르크스 공산주의 비전의 유산을 고찰하며, 페미니즘 프로그램과 커먼즈의 정치에서 가장 중요한 측면에 집중한다. 이를 통해 나는 오늘날 사회적 협력을 강화하고 우리 삶에 대한 시장과 국가의 통제를 약화시키며 자본 축적을 종식하고자 하는 전 지구적 차원의 사회 운동이 포괄하는 수많은 실천과 전망에 대해 언급한다. 앞서 언급한 결론을 바탕으로 나는 교환 가치, 사유 재산, 화폐를 넘어 자유로운 생산자 연합에 기반하고 "각자 능력에 따라, 그리고 필요에 따라"라는 원칙에 의거해 운영되는 사회로서 마르크스의 공산주의 비전은 반자본주의적 페미니스트라면 누구도 반대할 수 없는 이상이라고 주장한다. 페미니스트는 또한 사회적 노동 분업 너머의 세계에 대한 마르크스의 영감을 받아들일 수 있다. 물론 우리가 아침에 사냥하고, 오후에 낚시하고, 저녁 식사 후에 비평하는 것―포스트자본주의 사회의 좋은 삶에 대한 마르크스의 비전―사이에, 모두가 청소와 육아를 공유하는 시간이 있을 것이라는 점을 확실히 하고 싶더라도 말이다.

그러나 포스트자본주의 사회에 대한 어떤 이상적인 설계보다 페미니즘 정치에 훨씬 더 중요한 것은 자본주의적 축적에 대한 마르크스의 가차 없는 비판과 자본주의 발전을 적대적인 사회적 관계의 산물로 독해하는 데서 시작하는 그의 방법론이다. 다른 말로 하면―누구보다도 로만 로스돌스키(Roman Rosdolsky)와 안토니오 네그리[13]가 주장하듯―우리에게 가장 중요한 마르크스는 진정한 역사적 가능성에 뿌리를 두지 않은 모든 정치 강령을 거부하고 자신의 저서 전반에 걸쳐 자본주의 관계의 파괴를 추구한 계급 투쟁 이론가로 공산주의 실현을 현재 상태를 폐지하는 운동에서 보았다. 이런 관점에서 볼 때, 역사와 사회를 이해하기 위해서는 사회적 재생산의 물질적 조건을 이해해야 한다고 가정하는 마르크스의 역사적 유물론 방법은 페미니즘적 전망에서 매우 중요하다. 사회적 종속이 노동의 특정한 조직화에 뿌리를 둔 역사적 산물이라는 인식은 여성에게 해방적인 영향을 미쳤다. 이는 성적 노동 분업과 이를 기반으로 구축된 정체성을 탈자연화하고, 젠더 범주를 사회적 구성물로서뿐만 아니라 그 내용이 끊임없이 재정의되고, 무한히 유동적이고, 개방적이고, 항상 정치적으로 민감한 개념이라고 가정한다. 실제로, 분석적이고 정치적인 범주로서 '여성'의 타당성에 대한 많은 페미니즘 논쟁은 만일 이런 방법을 적용할 경우 더 쉽게 해결할 수 있을 것이다. 왜냐하면 이 방법은 고정적이고 획일적인 형태의 행동과 사회적 조건에 근거하지 않고도 공통의 이해를 표현하는 것이 가능하다는 걸 가르쳐주기 때문이다.

자본주의적 노동 착취라는 프리즘을 통해 여성의 사회적 지위를 분석하는 것은 또한 젠더에 따른 차별과 인종에 따른 차별 사이의 연속성을 드러내며, 우리로 하여금 기존 사회적 질서의 영속성을 가정하고 여성 해방을 가로막는 적대적인 사회 세력에 맞서지 못하는 권리의 정치(politics of rights)를 초월할 수 있게끔 해준다.

하지만—많은 페미니스트가 보여주었듯—마르크스는 적어도 재생산과 젠더 관계 문제에 대해 일관된 방법을 적용하지 않았다. 가사 노동을 위한 임금 운동 이론가(마리아로사 달라 코스타, 셀마 제임스, 레오폴디나 포르투나티(Leopoldina Fortunati)[14])와 에코페미니스트 이론가(마리아 미즈와 아리엘 살레[15])는 마르크스 사상의 중심에 모순이 있다는 것을 보여주었다. 그는 노동 착취를 자본주의적 부(富) 생산의 핵심 요소로 여기지만 성적 노동, 출산, 육아, 가사 노동 등 노동력 생산에 가장 필수적인 활동과 사회적 관계 중 일부는 이론화하지 않은 채로 남겨두었다. 마르크스는 우리의 노동 능력이 당연하게 주어진 것이 아니라 항상 특정한 역사적 형태를 취하는 사회적 활동의 산물이라는 점을 인정했다.[16] 왜냐하면 "배고픔은 배고픔이다. 그러나 칼과 포크로 먹는 익힌 고기로 채워지는 배고픔은 손, 손톱, 이빨의 도움으로 생고기를 먹어치우는 배고픔과는 다르기 때문이다".[17] 그럼에도 우리는 그의 출판된 저작에서 첫 번째 노동 분업이 성적 행위에 있으며,[18] 노예 제도가 가족에 잠재해 있다[19]는 등등의 취지를 갖는 산발적 고찰을 제외하고는 가사 노동, 가족, 자본주의 특유의 젠더 관계에 대한 분석을 찾아볼 수 없다. 가사 노동은 2개의 각주에서 다루는데, 하나는 과잉 노동을 하는 여성 공장 노동자들의 집에서 가사 노동이 사라졌다는 사실을 기록한 것이고, 다른 하나는 미국 남북전쟁으로 인한 위기가 영국의 여성 섬유 노동자를 다시 가사 부담으로 복귀하게 만들었다는 사실을 언급한 것이다.[20] 출산 역시 과소평가하며 일반적으로 자본주의에서 노동력 재생산에 포함되어 특수한 국가적 규제의 대상이 되는 노동 형태라기보다는 자연적 기능으로 취급했다.[21]

이러한 누락으로 인해 많은 페미니스트가 마르크스주의와

페미니즘의 관계를 종속의 과정으로 바라보았다.[22] 그러나 내가 인용한 저자들은 우리가 마르크스의 범주를 활용할 수는 있지만 이것들을 재구성하고 그 구조적 질서를 바꾸어야 한다는 것을 보여주었다. 그 무게 중심이 전적으로 임금 노동이나 상품 생산이 아니라 노동력의 생산과 재생산, 특히 그 가운데서도 여성이 집에서 하는 부분까지 포함하도록 말이다. 그렇게 함으로써 우리는 축적과 투쟁의 핵심 지형은 물론 무급 노동에 대한 자본의 전체적 의존과 노동일의 전체 길이를 가시화할 수 있다.[23] 실제로 생산 노동에 관한 마르크스 이론을 확장해 그 모든 다양한 차원에 재생산 노동을 포함하면, 우리는 자본주의의 젠더 관계 이론을 정립할 수 있을 뿐만 아니라 계급 투쟁과 자본주의가 다양한 노동 체제 및 다양한 형태의 불균등 발전과 저개발 창출을 통해 스스로를 재생산하는 수단에 관해 새로운 이해를 얻을 수 있다.

노동력 재생산을 자본주의 생산의 중심에 두는 것은—마르크스에게서는 보이지 않지만—노동 착취를 규제하는 메커니즘을 드러내는 데 필수적인 사회적 관계의 세계를 폭로한다. 이는 자본이 노동 계급으로부터 추출하는 무급 노동이 마르크스가 상상했던 것보다 훨씬 더 크다는 걸 보여주며, 자본주의가 식민지에 건설한 많은 농장에 고용된 사람들의 노동에 덧붙여 여성의 가사 노동으로도 확장된다. 이 모든 사례에서, 관련된 노동과 강압의 형태는 자연화되었을 뿐만 아니라, 임금 노동자를 재생산하는 비용을 절감하기 위해 고안된 세계적 조립 라인의 일부가 되었다. 이런 조립 라인 위에서, 여성의 자연적 운명으로 여겨지는 무급 가사 노동은 수백만 명의 농민, 자급형 농부, 비공식 노동자의 노동과 결합해 임금 노동자가 소비하는 상품을 소량으로 재배 및 생산하거나 임금 노동자의 재생산에 필요한 서비스를 최저 가격으로 제공한다. 이로부터 그토록 많은 인종차별주의와 성차별주의 이데올로기가 정당화하려고 시도했으나 자본가 계급이 간접 지배 시스템을 통해 자신의 권력을 유지할 수 있었음을 보여주는 노동의 위계―여성의 몸과 노동에 대한 통제에서 시작되어 임금 노동자에게 무임금 노동자의 권력을 위임하는 것―가 생겨난다.

    이는 임금이 노동과 자본 간 대결의 영역일 뿐 아니라 노동자들 간 불평등한 권력관계 창출의 도구이기도 하며, 계급 투쟁이 마르크스가 가정한 것보다 훨씬 더 복잡한 과정이라는 걸 의미한다. 우리가 알고 있듯 계급 투쟁은 종종 집에서 시작되어야 한다. 왜냐하면 자본주의와 싸우기 위해 우리는 남편과 아버지에 맞서 싸워야 했기 때문이다. 이는 흑인이 임금 관계를 통해 백인 노동자와 자본주의가 부과하는 특정 유형의 계급 구성에 맞서 싸워야 했던 것과 마찬가지다. 마지막으로, 가사 노동이 노동력을 (재)생산하는 노동임을 인식함으로써 우리는 젠더 정체성을 노동 기능으로, 그리고 젠더 관계를 생산관계로 이해할 수 있다. 이는 우리가 가사 노동을 거부하고 싶을 때마다 겪었던 죄책감에서 우리를 해방하고, '개인적인 것이 정치적인 것'이라는 페미니즘 원칙의 중요성을 강조하는 움직임이다.

왜 마르크스는 노동력 생산에 가장 필수적인 재생산 노동 부분을 간과했을까? 다른 곳에서, 나는 당시 영국 노동 계급의 상황이 한 가지 설명을 제공할 수 있다고 주장했다.[24] 마르크스가 《자본론》을 집필할 당시, 노동 계급 가족 내에서는 (마르크스 자신도 인정했듯) 가사 노동이 거의 이뤄지지 않았고, 그 이유는 여성이 새벽부터 일몰까지 공장에서 남성과 나란히 일을 했기 때문이다. 자본주의 생산의 한 분야로서 가사 노동은 마르크스의 역사적이고 정치적인 지평선 아래에 있었다. 공산주의 유령이 유럽을 휩쓸었던 20년에 걸친 노동 계급 반란 이후, 즉 19세기 후반 들어서야 겨우 자본가 계급은 (섬유 기반) 경공업에서 (석탄과 철강 기반) 중공업으로의 축적 형태 변화와 함께 노동력 재생산에 투자하기 시작했고, 이런 변화는 더 집중적인 노동 규율과 덜 쇠약한 노동력을 필요로 했다. 내가 최근 논문에서 썼듯 "마르크스주의적 용어로, 우리는 재생산 노동의 발전과 그에 따른 전업 프롤레타리아 가정주부의 출현은 부분적으로 노동 착취 방식이 '절대적 잉여' 가치 추출에서 '상대적 잉여' 가치 추출로 이행한 것의 산물이었다고 말할 수 있다".[25] 이는 노동일의 절대적 연장에 기반한 착취 체제에서 착취율을 강화하는 기술 혁명으로 노동일 단축을 상쇄하는 체제로 전환한 결과물이다. 이런 전환의 핵심 요인은 노동일의 절대적 연장과 불충분한 임금으로 인해 노동자들이 경험하는 과도한 착취가 노동 계급의 소멸과 여성의 가사 노동 및 육아 거부—영국 정부가 1840년대부터 공장 노동자의 생활 조건과 건강 상태를 평가하도록 명령한 공식 보고서에서 빈번하게 다루었던 주제—로 이어지고 있다는 자본가들의 공포였다.[26] 이 시점에서 일련의 공장법(Factory Acts)을 통해 노동 개혁이 도입되었으며, 여성의 공장 고용을 처음에는 줄였다가 나중에는 아예 없애고 남성의 임금을 눈에 띄게(금세기 말까지 40퍼센트) 인상했다.[27]

엥겔스가 《영국 노동자 계급의 상태》(1845)에서 강력하게 묘사한 산업 프롤레타리아의 비참한 상황은 마르크스의 저서에서 가사 노동이 거의 존재하지 않는 이유를 부분적으로 설명한다. 그러나 마르크스 또한 가사 노동이 그가 보기에 자본주의하에서 노동을 정의하는 특성, 즉 그가 임금을 받는 산업 노동과 동일시하는 특성이 결핍되었다는 이유로 가사 노동을 간과했을 가능성이 있다. 집에서 일하고, 비협력적인 방식으로 조직되고, 기술 발전 수준이 낮은 가운데 이루어지는 가사 노동은 20세기에조차 마르크스주의자에 의해 계속해서 낡은 생산 형태의 퇴화한 요소로 분류되었다. 돌로레스 헤이든(Dolores Hayden)이 《거대한 가내 혁명》[28]에서 지적한 대로, 사회주의 사상가들은 사회화한 가사 노동을 요구할 때조차도 이것이 의미 있는 노동이 될 수 없다고 믿었고,[29] 아우구스트 베벨처럼 가사 노동을 최소화하는 시대를 구상했다.[30]

가사 노동이 자본주의적 의미에서 "사회적으로 필요한 노동"임을 증명하는 데에는 1960년대와 1970년대에 가사 노동에 반대하는 여성들의 반란이 필요했다.[31] 비록 산업적 기반 위에서 조직되지는 않지만 가사 노동은 대단히 생산적이며,[32] 대부분 기계화할 수 없는 노동이다. 노동력을 갖춘 개인을 재생산하는 일은 본질적으로 상호 작용적인 것이라서 매우 노동 집약적인 다양한 정서적·육체적 서비스를 필요로 하기 때문이다.

이러한 깨달음은 마르크스의 이론적이고 정치적인 틀을 더욱 불안정하게 만들었고. 우리가 마르크스의 주요 신조 중 하나, 즉 자본주의가 발전하면 가장 필수적인 노동이 산업화하고 자동화할 것이며, (가장 중요하게는) 자본주의적인 대규모 산업이 착취 없는 사회 건설을 위한 물질적 조건을 창출할 것이라는 점을 재고하도록 강제했다.

기계, 근대 산업 그리고 재생산

마르크스는 자본주의와 근대 산업이 공산주의 도래의 발판을 마련해야 한다고 생각했다. 노동 생산성의 비약 없이는 인류가 희소성 결핍과 생활필수품 경쟁으로 인한 끝없는 갈등에 내몰릴 것이라고 믿었기 때문이다.[33] 그는 또한 근대 산업을 더 높은 합리성의 구체화, 즉 탐욕스러운 동기로 세상에 나왔으나 인간에게 능력을 최대한 개발하는 데 적합한 태도를 가르치고, 인간을 노동에서 해방하는 것으로 바라보았다. 마르크스에게 근대 산업은 "사회적으로 필요한 노동"을 줄이기 위한 수단일 뿐 아니라 노동자에게 균일성, 규칙성, 기술 발전의 원칙을 가르치는 노동 모델 바로 그 자체이며, 이를 통해 우리는 다양한 종류의 노동에 상호 교환적으로 참여할 수 있다.[34] 이는 마르크스가 우리에게 상기시키듯 제조업의 정밀 노동자, 심지어 전문 기술을 가진 장인조차도 결코 달성할 수 없는 그 무엇이다.

이러한 맥락에서 자본주의는 대규모 산업을 가능케 하는 거친 손이며, 생산 수단의 집중과 노동 과정에서의 협력, 그리고 마르크스가 생산력 확장과 노동 생산성 향상에 필수적이라고 생각한 발전을 위한 길을 닦아준다. 그에게 자본주의는 또한 생존을 넘어선 생산의 필요성 및 대규모 사회적 협력 능력처럼 자치(self-government)를 위해 필요한 것에 관해 인간을 교육하는 채찍이기도 하다.[35] 계급 투쟁은 이 과정에서 중요한 역할을 한다. 착취에 대한 노동자의 저항은 자본가 계급이 일종의 상호 조건화를 통해 노동을 더욱 절약하고, 부의 생산에서 노동의 역할을 잇따라 축소하고, 인간이 역사적으로 탈출하고자 시도해온 작업을 기계로 대체하는 방식으로 생산에 혁명을 일으키도록 강제한다. 마르크스는 일단 이 과정이 완료되고 근대 산업이 사회적으로 필요한 노동을 최소한으로 줄이면, 마침내 우리가 우리 존재와 자연환경의 주인이 되고 우리의 필요를 충족할 수 있을 뿐만 아니라 더 높은 목표를 추구하는 데 우리의 시간을 자유롭게 바칠 수 있는 시대가 시작될 것이라고 믿었다.

그는 일단 생산력이 완전히 발전하면 이를 감싸고 있는 껍질을 부숴 사회 혁명을 촉발할 것이라는 일련의 은유적 이미지를 통해서만 이러한 단절이 어떻게 발생할 것인지를 설명했다. 다시 말해, 생산력이 혁명을 위해 충분히 성숙했을 때 우리가 어떻게 인지할 수 있는지 명확히 하지 않았고, 생산력의 균질화와 보편화 및 이에 상응하는 프롤레타리아 역량이 지구적 차원

에 도달할 때 자본주의 관계의 전 세계적 확장과 더불어 전환점이 도래할 것이라고 암시했을 뿐이다.36

인간이 기계를 사용해 궁핍과 수고에서 벗어나고 자유 시간이 부의 척도가 되는 세상에 대한 이런 비전은 엄청난 매력을 발휘했다. 사람들이 자기 발전에 전념하는 산업화 이후의 노동 없는 사회에 대한 앙드레 고르(André Gorz)의 이미지는 이로부터 많은 영향을 받았다.37 또한 이 비전을 가장 뚜렷하게 제시한 《정치경제학 비판 요강》의 '기계에 관한 단편'에 대한 이탈리아의 자율주의적 마르크스주의자들의 매혹도 이를 증명한다. 특히 안토니오 네그리는 《마르크스 너머의 마르크스》(1991)에서 이를 마르크스 이론의 가장 혁명적인 측면으로 꼽았다. 실제로 '노트 VI'와 '노트 VII'의 여러 쪽에서 마르크스는 과학과 기술이 생산 과정으로부터 살아 있는 노동을 제거하고 노동자들이 오직 기계의 감독자로만 활동하는 세계를 묘사하는데, 그 예측력에 숨이 막힐 정도다.38 그러나 오늘날 우리는 자동화한 생산 시스템을 우리 마음대로 사용할 수 있는 권한이 얼마나 환상에 불과한지를 잘 알고 있다. 우리는 마르크스가 그토록 찬양했던 "생산성이 높다고 알려진 산업 시스템"이 "실제로는 인류 역사상 한 번도 본 적 없는 지구상의 기생충이었다"는 것을 알고 있으며,39 지금은 미래에 긴 그림자를 드리우는 속도로 이를 소비하고 있다. 아리엘 살레가 지적하듯이,[40] 인류와 자연의 상호 작용에 대한 인식에서 마르크스는 자신의 시대에 앞서, 농업의 산업화가 노동자를 고갈시키는 만큼 토양 또한 고갈시킨다는 점을 관찰하면서 이러한 과정을 지적했다.[41] 그러나 그는 이러한 경향은 역전될 수 있고, 일단 노동자들이 생산 수단을 장악하면 긍정적 목표를 달성하기 위해 방향을 바꿀 수 있으며, 자본주의의 종언이 임박해 이윤에 의존하는 산업화가 지구에 미칠 피해를 제한하게 될 것이라고 확신했다.

이 모든 것에 대해 그는 크게 착각했다. 기계는 일종의 흠 잡을 데 없는 개념으로 기계에 의해 생산되지 않는다. 컴퓨터를 예로 들면, 우리는 이 가장 흔한 기계조차 그걸 생산하기 위해 엄청난 양의 토양과 물이 필요한 생태학적 재앙이라는 것을 알 수 있다.[42] 이를 수십억 단위로 곱하면, 우리는 16세기 영국의 양처럼 오늘날의 기계도 너무나 빠른 속도로 "지구를 먹어 치우고" 있어—가까운 미래에 혁명이 일어나더라도—이 행성을 다시 거주 가능하게 만드는 데 필요한 노동이 엄청날 정도라는 결론을 내려야만 한다.[43] 더욱이 기계는 우리의 자연적 커먼즈—땅, 숲, 물, 산, 바다, 강, 해안선—뿐만 아니라 우리의 정신과 사회적 관계 그리고 주체성을 형성하고, 새로운 필요와 습관을 창출하며, 미래에 저당을 잡는 종속 관계를 만들어내는 데 영향을 미치는 물질적·문화적 기반 시설을 필요로 한다. 이것은 부분적으로《자본론》제1권 출간 이후 150년 동안 왜 자본주의가 해체될 조짐을 보이지 않는지 설명해준다. 마르크스가 사회 혁명에 필요하다고 전망한 객관적 조건은 훨씬 더 성숙한 것 같지만 말이다.

그 대신 우리가 목격하는 것은 16세기 인클로저를 연상케 하는 영속적인 원시적 축적 체제로, 이번에는 국제통화기금(IMF)과 세계은행(WB)이 아프리카·아시아·남아메리카에서 공동체의 토지를 사유화하는 일군의 광산 및 농업 회사와 더불어 소규모 생산자를 착취함으로써 근대 산업이 필요로 하는 리튬, 콜탄, 다이아몬드를 획득한다.[44] 우리는 또한 자본주의가 개발한 생산 수단 중 어느 것도 아무 문제 없이 몰수해 다른 용도로 사용할 수 없다는 점을 강조해야 한다. 우리가 국가를 장악할 수 없는 것과 마찬가지로, 우리는 자본주의적 산업 과학 그리고 기술도 장악할 수 없다. 그 이유는 기술을 창조한 착취적 목적이 그 구성과 운영 방식을 형성하기 때문이다.

근대 산업과 기술을 단순히 다른 목적을 위해 전유하거나 재프로그램해선 안 된다는 것은 원자력과 화학 산업의 성장에서 가장 잘 입증되는데, 이들 산업은 지구를 오염시키고 지금 우리를 전멸 혹은 최소한 대립하는 계급들의 상호 파괴로 위협하는 막대한 무기고를 자본가 계급에 제공해왔다. 오토 울리히(Otto Ulrich)가 지적하듯 "과학화한 기술의 가장 뛰어난 업적은 전쟁 기계의 파괴력을 증가시키는 것이다".[45] 이와 유사하게, 합리적이라고 여겨지는 산업적 농업 경영, 즉 마르크스가 (비합리적일 것이라고 생각한) 소규모 생산자의 경작 방식과 비교한 산업적 농업 경영[46]은 식량의 풍부함, 다양성 및 가치를 파괴해왔으며, 그중 많은 부분은 생산이 자본 축적의 도구가 아니라 인간을 위해 이루어지는 사회에서는 반드시 폐기되어야 할 것이다.

특히 페미니즘 관점에서 검토할 때, 공산주의 사회의 형성에서 기술의 기능에 대한 마르크스의 개념에 의문을 제기하게 만드는 또 다른 고려 사항이 있다. 기계에 기반한 공산주의는 인간이 이 지구상에서 행하는 가장 기본적인 활동을 배제하는 노동 조직에 의존한다. 앞서 언급했듯 마르크스의 분석이 간과하는 재생산 노동은 대체로 기계화할 수 없는 노동이다. 다시 말해, 자동화를 통해 필요 노동을 획기적으로 줄일 수 있는 사회에 대한 마르크스의 비전은 지구상에서 가장 많은 양의 노동이 매우 관계적인 성격을 지니고 있어 기계화가 거의 안 된다는 사실과 충돌한다. 이상적으로는—포스트자본주의 사회에서—일단 우리가 어떤 기술을 어떤 목적으로, 어떤 조건에서 생산하는지를 통제했을 때, 우리는 몇 가지 집안일을 기계화하고 학습·

오락·정보를 위한 새로운 형태의 의사소통에 의존할 것이다. 그러나 씻기고, 껴안고, 위로하고, 옷을 입히고, 아이를 먹이고, 성적 서비스를 제공하거나 환자, 노인, 자급자족하지 못하는 사람을 도와주는 일을 어떻게 기계화할 수 있는가? 어떤 기계가 이러한 과제에 필요한 기술과 정서를 통합할 수 있는가? **간호 로봇**(nursebot)[47]과 상호 작용형 **러브로봇**(lovebot)을 만들려는 시도가 있었고, 미래에는 우리가 기계 엄마의 생산도 볼 수 있을 터이다. 그러나 우리가 그러한 장치를 감당할 수 있다고 가정하더라도, 생활 노동을 대체하기 위해 우리 집 안에 이러한 장치를 도입할 경우 어떤 감정적 비용이 드는지 생각해봐야 한다. 다른 한편, 만일 재생산 노동을 단지 부분적으로만 기계화할 수 있다면, 물질적 풍요의 확대를 자동화와 필요 노동의 감소에 의존하는 마르크스주의 기획은 무너지고 말 것이다. 왜냐하면 가사 노동, 특히 자녀를 돌보는 일이 이 지구상에서 이루어지는 노동의 대부분을 차지하기 때문이다. 사회적으로 필요한 노동이라는 개념 자체가 그 타당성을 상당히 잃는다. 만약 지구상에서 가장 규모가 크고 없어서는 안 될 노동 부문을 필수적인 것으로 인식하지 않는다면, 사회적으로 필요한 노동을 어떻게 정의해야 하는가? 돌봄 노동, 성 노동, 출산 등의 활동을 사회적으로 필요한 노동의 일부로 고려하지 않는다면, 이러한 활동의 조직화는 어떤 기준과 원칙에 따라 관리해야 하는가?

　기계화를 통해 가사 노동을 실질적으로 줄일 수 있다는 가능성에 대한 회의론이 커지는 것은 오늘날 페미니스트들 사이에서 더 집단적인 형태의 재생산 및 재생산 커먼즈의 창출에 관한 새로운 관심과 실험이 생겨나고 있는 이유 중 하나이며,[48] 이러한 커먼즈는 핵가족이 제공하는 것보다 더 많은 주체 사이에 노동의 재분배를 허용한다.[49] 한편, 경제 위기의 압박 속에서 우리의 자연적 커먼즈(토지, 물, 숲)를 보호하기 위한 투쟁과 공동체 활동(예를 들어, 공동 쇼핑과 요리, 도시 정원 가꾸기)의 출현도 많아지고 있다. 또한 "세계의 일상적 필요 대부분이 현금 거래 관계 바깥에서 일하는 제3세계 여성 식량 재배자들에 의해 계속 공급되고 있으며", 기술이 매우 제한적으로만 투입되고 종종 미사용 공공 토지에서 농사를 짓고 있다는 점도 중요하다.[50] 대량 학살을 자행하는 긴축 프로그램 시기에 이 여성 농부들의 노동은 수백만 명의 삶과 죽음을 좌우한다.[51] 그러나 이것이야말로 마르크스가 농업의 합리화—즉, 대규모 과학적 기반에 따른 농업의 합리화—를 "자본주의 생산 양식의 가장 큰 이점 중 하나"로 간주하고, 이것이 직접 생산자에 대한 몰수를 통해서만 가능하다고 주장하면서, 반드시 제거해야 한다고 믿었던 바로 그런 유형의 자급 지향적 노동이다.[52]

자본주의의 진보성이라는 신화에 대하여

산업화가 인류를 고통과 결핍으로부터 해방할 수 있다는 마르크스의 이론에 대한 비판은 타당하지만, 자본주의의 필요성과 진보성에 대한 그의 믿음을 거부해야 하는 다른 이유도 있다. 첫째, 이 이론은 비자본주의 사회가 생산하는 지식과 부, 그리고 자본주의가 그 지식과 부를 전유함으로써―우리가 지식의 자본주의적 발전에 매혹당하지 않고 이로부터 벗어나려는 의지를 마비시키지 않고자 할 때 고려해야 할 핵심 요소―자체 권력을 얼마나 구축해왔는지를 과소평가한다. 실제로, 자본주의가 파괴한 사회는 기계화가 도래하기 수천 년 전에 높은 수준의 지식과 기술을 달성했으며, 광활한 바다를 항해하는 법을 배우고, 천체의 주요 별자리를 발견하고, 지구상에서 인간의 삶을 지탱해온 작물을 길들였다.[53] 아메리카 원주민이 개발해 지금까지 타의 추종을 불허하는 농업 기술 숙달을 이뤄낸 씨앗과 식물의 환상적인 다양성을 보라. 메소아메리카에서만 200가지 이상의 옥수수와 감자를 생산했는데, 이는 과학적으로 조직된 우리 시대의 자본주의적 농업에서 우리가 목도하는 다양성 파괴와 극명한 대조를 이룬다.[54]

자본주의는―마르크스가 무역과 문화 교류라고 불렀던 것

처럼―사회적 협력이나 대규모 교류를 창안하지 않았다. 오히려 자본주의의 도래는 공동 소유 관계와 협동적 노동 형태 그리고 대규모 교역 네트워크로 묶여 있는 사회를 파괴했다. 인도양에서 안데스산맥에 이르기까지, 식민지화 이전에는 고도로 협력적인 노동 시스템이 표준이었다. 볼리비아와 페루의 아이유 시스템(ayllu system)과 21세기까지 살아남은 아프리카의 공동 토지 시스템은 모두 "농촌 생활의 고립"[55]에 관한 마르크스의 견해와 대치된다는 점을 우리는 상기할 필요가 있다. 유럽에서도 자본주의는 물질적으로 토지의 집단적 이용과 집단적 노동 관계뿐 아니라, 내가 《캘리번과 마녀》[56]에서 분석한 이단 운동〔카타르파(Cathars), 왈도파(Waldensians)〕이 실험한 것과 같은 새로운 형태의 협동적 삶을 창조하며, 봉건 권력에 맞서는 일상적 투쟁에 기반을 두었던 커먼즈 사회를 파괴했다.

    2세기에 걸친 마녀사냥을 통해 수천 명의 여성을 몰살한 것을 포함해, 자본주의가 최대한의 폭력과 파괴를 통해서만 승리할 수 있었던 것은 우연이 아니었고, 이는 16세기에 농민 전쟁의 형태를 취한 저항을 무너뜨렸다. 자본주의의 발전은 진보의 매개체와는 거리가 멀었고, 투쟁에서 창출된 새로운 형태의 공동체주의와 커먼즈의 공동 사용에 기반해 봉건 영지에 존재하는 것들을 전복하는 반혁명이었다. 게다가 대규모 산업의 발전보다 더 필요한 것은 마르크스가 《자본론》 제1권 마지막에 구상했던 자유로운 생산자들의 혁명적 결합과 연합을 창출하는 것이다.[57] 자본과 대규모 산업은 "생산 수단의 집중"과 노동 분업에 따르는 노동 과정에서의 협력을 촉진할 수 있지만,[58] 혁명적 과정에 요구되는 협력은 마르크스가 과학 및 기술과 함께 "자본주의 생산 양식의 근본적 형태"라고 묘사한 전문적 요소와 질적으로 다르다.[59] 노동자 자신에 의해 통제받지 않고, 따라서 노동 과정의 자본주의적 조직이 전복되는 저항의 순간을 제외하고는 독립적인 의사 결정을 내리지 못하는 노동 관계에 대해 우리가 협력을 말할 수 있는지조차 의문스럽다. 우리는 또한 마르크스가 역사적으로 자본주의적 노동 조직의 표식으로 추앙하던 협력은 노동자들의 기술 파괴와 투쟁에서의 협력이라는 토대 위에서 가능해졌다는 사실도 간과할 수 없다.[60]

둘째, 과거나 현재의 역사상 어느 시점에서든 자본주의 발전이 필요하거나 바람직할 뿐만 아니라 불가피하다고 가정하는 것은 자본주의 발전에 저항하는 사람들의 투쟁 반대편에 서 있는 것이나 마찬가지다. 우리는 이단자, 재세례파(Anabaptists), 디거파(Diggers), 마룬파(Maroons) 그리고 깃발에 "옴니아 선트 커뮤니아(omnia sunt communia: 모든 재산은 공동으로 소유해야 한다)"라고 적은 토마스 뮌처(Thomas Müntzer)처럼 커먼즈의 인클로저에 저항하거나 평등주의적 사회 질서를 건설하기 위해 싸웠던 모든 반역 주체들이 인간 해방의 관점에서 볼 때 역사의 잘못된 편에 있었다고 말할 수 있는가? 이것은 쓸데없는 질문이 아니다. 왜냐하면 자본주의 관계의 확장은 과거의 일이 아니며, 여전히 피와 불을 필요로 하고 여전히 엄청난 저항을 불러일으키는 진행형이기 때문이다. 이러한 저항은 의심할 여지 없이 지구상 모든 형태의 생산을 자본주의에 복종시키고 임금 노동을 확대하는 것에 제동을 걸고 있다.

자본주의를 필수적이며 진보적이라고 가정하는 것은 내가 이번 장 전체에서 주장한 사실을 과소평가하는 것이기도 하다. 마르크스가 주장한 것처럼 자본주의 발전은 본래 인간 능력의 발전, 무엇보다도 사회적 협력을 위한 능력의 발전이 아니다. 이는 불평등한 권력관계·위계·분열의 발전이며, 결국에는 파괴적인 사회 세력을 만들어내는 이데올로기·이해관계·주체성을 산출한다. 남아 있는 공동 및 공공 자원을 사유화하려는 신자유주의의 매우 조직적인 행동에 직면해, 사유화 흐름에 저항하고 어떤 경우에는 이를 역전시킬 수 있는 것이 가장 산업화한 공동체가 아니라 가장 응집력 있는 공동체라는 점은 결코 우연이 아니다. 원주민들의 투쟁—볼리비아 케추아족(Quechua)과 아이마라족(Aymara)의 물(water) 사유화 반대 투쟁,[61] 석유 시추로 인한 토지 파괴에 맞선 콜롬비아 우와족(U'wa)의 투쟁 등—이 보여주듯 자본주의 발전이 가장 고도로 이루어진 곳이 아니라, 공동체적 유대가 가장 강한 곳에서 자본주의 확장이 중단되고 심지어 퇴보하기도 한다. 실제로, 자본주의 발전에 힘입은 세계 혁명의 전망이 멀어지면서, 인종차별적이고 성차별적인 정책 및 여러 차례의 인클로저로 인해 황폐화한 공동체의 재구성은 단지 사회 변혁을 위한 객관적 조건이 아니라 그 전제 조건으로 나타난다.

페미니즘 관점으로 본 공산주의에서 커먼즈까지

자본주의가 인종·젠더·연령을 기반으로 만들어낸 분열에 반대하고, 우리 삶에서 분리된 것을 재결합하고, 공동의 이해를 재구성하는 것이 오늘날 페미니스트와 다른 사회 정의 운동의 정치적 우선순위여야 한다. 이것이 궁극적으로 커먼즈 정치의 핵심이며, 최상의 경우 이는 부의 공유, 집단적 의사 결정 및 우리 자신이 타인과 맺는 관계에서의 혁명을 전제로 한다. 마르크스가 산업 노동에서 기인한다고 생각한 사회적 협력과 지식 형성은 오직 스스로 조직하고 공동체를 요구하고 만들어내는 공동 활동—도시 정원 가꾸기, 시간 은행(time-banking), 오픈 소싱(open-sourcing)—

을 통해서만 구축될 수 있다. 이런 의미에서, 상호 유대를 강화하고 자본 축적을 제한하는 방식으로 우리 삶의 재생산을 목표로 하는 한,[62] 커먼즈 정치는 부분적으로 마르크스의 공산주의 아이디어를 현 상태의 폐지로 해석한다. 또한 온라인 커먼즈의 발전—무료 소프트웨어, 자유 문화 운동의 부상—과 더불어, 우리는 이제 마르크스가 생산력 발전의 결과로 예상했던 인간 능력의 보편화에 접근하고 있다고 주장할 수도 있다. 그럼에도 커먼즈 정치는 마르크스주의 전통과 《공산당 선언》으로 시작하는 마르크스의 많은 저작에서 공산주의가 의미하는 것과는 근본적으로 다르다. 커먼즈 정치와 공산주의 사이에는 몇 가지 결정적 차이점이 있는데, 특히 우리가 페미니즘적이고 생태학적인 관점에서 이러한 정치적 형태를 고려할 때는 더욱 그렇다.

반다나 시바(Vandana Shiva), 마리아 미즈, 아리엘 살레 같은 페미니즘 작가들이 논의하고 풀뿌리 여성 단체에서 실천하는 커먼즈는 생산력의 발전, 생산의 기계화, 또는 자본주의 관계의 지구적 확장—마르크스 공산주의 프로젝트의 전제 조건—의 실현에 의존하지 않는다. 반대로 그들은 자본주의의 발전에 따라 그들에게 닥치는 위협에 맞서 싸우며 지역의 고유한 지식과 기술을 재평가한다.[63] 그들은 마르크스의 사회적 부(富) 개념의 핵심 전제인 과학적/기술적 및 도덕적/지적 발전 사이에 필연적인 연관성이 있다고 가정하지 않는다. 그들은 또한 재생산의 재구조화를 사회적 관계의 전환을 위한 결정적 영역으로 이해하고, 이를 그들의 정치적 기획의 중심에 위치 지우며, 이런 식으로 자본주의적 노동 조직의 가치 구조를 전복한다. 특히 그들은 산업 규모의 재편성이라는 관점에서가 아니라 더 협력적인 형태의 돌봄 노동 창출이라는 관점에서 자본주의의 가사 노동을 특징짓는 고립을 무너뜨리려고 시도한다.

커먼즈는 "한 번의 아니요, 여러 번의 예(One No, Many Yeses)"라는 슬로건과 함께 사파티스타(Zapatista: 멕시코의 반자본주의 무장 단체—옮긴이)가 장려한 정신에 따라 복수형인 경우가 많은데, 이는 착취 폐지와 양립할 수 있는 다양한 역사적·문화적 궤적의 존재 및 사회적 결과의 다양성을 인정한다. 아이디어와 기술적 노하우의 순환이 긍정적인 역사적 힘이 될 수 있다는 점은 인식되고 있지만, 지식·제도·행동 형태의 보편화에 대한 전망은 식민지 유산으로서뿐만 아니라 지역 생활과 문화의 파괴를 통해서만 달성할 수 있는 프로젝트로서 점점 더 반대에 직면하고 있다. 무엇보다도 커먼즈는 자신의 존재를 국가의 지원에 의존하지 않는다. 급진적 집단에서는 여전히 굳어진 자본주의적 이해관계를 제거하고 대규모 계획화(물, 전기, 운송 서비스 등)를 요구하는 공통의 부(commonwealth) 요소들을 관리하는 데 필요한 과도기적 형태로서 국가에 대한 지속적인 바람이 남아 있기는 해도, 국가 형태는 오늘날 위기에 처해 있으며, 페미니스트와 다른 급진적 집단에서만 그런 것이 아니다. 실제로 커먼즈 정치의 유행은 국가 형태의 위기와 직접 관련되어 있으며, 이는 현실 사회주의의 실패와 자본의 국제화로 인해 극적으로 명확해졌다. 존 홀러웨이(John Holloway)가 《권력을 잡지 않고 세상을 바꾸라》에서 지적하듯 우리가 국가를 이용해 더 정의로운 세계를 만들 수 있다고 상상하는 것은 국가를 자본 축적과 불가분하게 묶는, 그리고 사회 갈등과 배제 메커니즘을 재생산하도록 강요하는 사회관계의 네트워크로부터 추상화시켜 자율적 존재로 간주하는 것이다. 이는 또한 "자본주의의 사회관계가 결코 국경에 의해 제한받지 않으며" 지구적으로 구성된다는 사실을 무시하는 것이다.64 더욱이 세계 프롤레타리아는 젠더와 인종 위계로 분리되어 있어 국가 형태로 구체화한 '프롤레타리아 독재'는 노동 계급 백인/남성 부문의 독재가 될 위험이 있다. 더 많은 사회적 권력을 가진 사람들은 스스로 획득한 특권을 유지하기 위해 혁명적 과정을 잘 조정할 수도 있을 것이다.

 수십 년 동안 배반당한 기대와 선거 투표 끝에 지금은 특히 모든 나라의 젊은이들 사이에서 우리의 삶을 전환할 힘을 되찾고, 우리를 대표함으로써 우리를 대체할 중요한 제도를 통해 (우리가 소외될 수도 있는 프롤레타리아 국가에서) 지식과 책임을 되찾고자 하는 깊은 열망이 생겨나고 있다. 이는 재앙적 전환이 될 것이다. 왜냐하면 새로운 세계를 창조하기보다 그것 없이는 어떤 새로운 사회도 가능하지 않은 자기 전환의 과정을 포기하고 〔오늘날 아주 터무니없는 제도적 부정의(injustice) 사례에도 불구하고〕 우리를 수동적으로 만드는 바로 그 조건들을 재구성할 것이기 때문이다. 국가가 아니라 아래로부터 나오는 권력, 강제보다는 협력과 집합적 형태의 의사 결정에 의존하는 권력을 상징하는 것이 "새로운 사회의 배아 형태"로서 커먼즈의 매력 중 하나다.[65] 이런 의미에서 커먼즈 정신은 "주인의 도구로는 결코 주인의 집을 무너뜨릴 수 없다"[66]는 오드리 로드(Audre Lorde)의 통찰과 공명하며, 나는 마르크스가 오늘날 살아 있다면 그 역시 이에 동의할 거라고 믿는다. 비록 그가 성차별주의적·인종차별주의적 자본주의 조직이 만들어낸 파괴에 대해 별반 언급하지 않고 프롤레타리아 주체성의 전환에 거의 관심을 두지 않았지만 말이다. 그럼에도 그는 외부로부터뿐만 아니라 자본주의적 이데올로기와 그 관계의 내면화로부터 우리 자신을 해방하기 위해서는 혁명이 필요하다는 점, 즉 그가 지적했듯 "시대의 모든 오물"로부터 우리 자신을 해방시켜 우리가 "사회를 새롭게 만드는 데 적합하게" 되는 것이 필요하다는 점을 이해했다.[67]

혁명은 집에서 시작된다
마르크스, 재생산 그리고 계급 투쟁에 대한 재사유[1]

서론

마르크스 정치 이론이 지속적으로 영향력을 갖는 한 가지 이유는 미래를 확실히 읽어내고 150년이 지난 지금도 그의 저작이 현재를 위한 지침으로 여전히 작용하면서 오늘날 우리 눈앞에서 전개되고 있는 자본주의적 발전 형태를 예측하는 능력 때문이다. 뛰어난 직관력으로 마르크스는 글로벌화 과정, 즉 세계 구석구석을 정복해 모든 형태의 생산을 이윤과 시장 논리에 복종시키려는 자본의 끊임없는 추진력을 예측했다. 가장 중요하게는 자본의 국제화가 글로벌 시장뿐만 아니라 글로벌 축적 사이클의 형성으로도 나아감으로써 "세계를 국민국가로 나누는 게 경제적 의미를 상실하게 될 것"이라고 예측했다.[2] 이와 유사하게 특히 《정치경제학 비판 요강》의 '기계에 관한 단편'[3]은 자본주의적 노동 조직에서 지식과 과학의 지배력이 커질 것을 예측해 신뢰를 얻었고, 이에 따라 일부에서는 "인지자본주의"[4]라고 불리는 새로운 축적 단계가 시작되었다고 가정하기에 이르렀다.

그러나 한 가지 측면에서 마르크스는 그의 시대를 앞서지 못했다. 놀랍게도 그는 몇십 년 사이에 노동 계급의 구성 및 유럽과 미국의 계급 투쟁 지형을 바꾸고 새로운 프롤레타리아 가족의 형성 과정을 변화시킬 발전을 내다보지 못했다. 이 과정은 (대체로) 1860년과 제1차 세계대전 사이에 일어났는데, 여성과 어린이가 공장 노동에서 점차 배제되고, "가족 임금"이 도입되었으며, 자본주의 생산의 특정 부문으로 프롤레타리아 가정주부와 가사 노동 자체가 출현하면서 노동력의 재생산을 넘겨받았다.[5]

남성 임금이라는 권력 위에 세워진 새로운 가부장 체제를 출범시킨 이러한 발전과 더불어 계급 관계에서는 마르크스의 분석을 벗어나는 변화가 일어났다. 《자본론》 제1권에서는 이러한 변화의 토대를 마련한 영국 정부에 의해 임명된 공장 조사관의 보고서에 관한 언급을 많이 했지만 말이다. 자본가 계급은 프롤레타리아 가족과 젠더 관계의 혁명화 및 남성과 여성 간 새로운 위계와 프롤레타리아 내부의 새로운 분열을 창출하는 과정에 있었다. 이는 마르크스의 저서만으로는 추론해낼 수 없다. 엥겔스와 마찬가지로 마르크스는 자본주의가 프롤레타리아 가족을 파괴하며 더 평등한 젠더 관계를 위한 물질적 조건을 창출한다는 확신에 계속해서 머물러 있었다. 그들은 《공산당 선언》에서 다음과 같이 지적한다.

> 현대 산업이 점점 더 발전할수록 남성의 노동은 점점 더 여성의 노동으로 대체된다. 나이와 성별의 차이는 노동 계급에서 더 이상 구별이 뚜렷한 사회적 효력을 갖지 못한다. 모두가 노동의 도구다.[6]

왜 (자본주의 발전에 대한 분석에서는 그토록 미래 지향적인) 마르크스는 영국 노동 계급 공동체 그리고 머지않아 유럽의 다른 나라들과 미국 일부 지역에서 남성과 여성의 관계를 더 위계적인 방식으로 재구조화할 사회관계의 재조직화가 진행되고 있다는 걸 인정하는 데 실패했을까?

마르크스가 프롤레타리아 가족의 재구조화나 프롤레타리아 내부에서의 새로운 가부장제 관계 구축을 예상하거나 언급하지 않은 것은 이 논문을 구성하는 테제 중 하나다. 왜냐하면 그의 정치 이론에 따르면, 가족과 젠더 관계 영역은 자본 축적이나 노동자의 주체성 구성과 계급 형성에서 특별한 기능을 하지 않기 때문이다.[7] 이러한 전략적 오류의 한 가지 결과는 19세기 후반에 커지기 시작한 사회주의 운동과 페미니즘 운동 사이의 균열이었으며, 이는 대체로 현재까지도 지속되고 있다. 앞으로 우리가 살펴보겠지만, 마르크스는 제1인터내셔널의 수장으로서 이러한 균열에 기여했다. 따라서 가족, 여성 노동 그리고 우리의 삶을 재생산하는 활동에 대한 마르크스의 관점을 재검토하는 것은 현재와 대화하는 길이며, 자본과 좌파의 가부장제 그리고 마르크스주의와 페미니즘의 협력 조건을 재사유하는 길이다.

 내 주장은 네 부분으로 나뉜다. 1절에서는 '재생산'에 대한 마르크스 과소 이론화의 증거와 이유를 검토한다. 여기서는 노동과 생산에 대한 그의 환원적 개념과 산업 임금 노동자만이 자본주의를 전복하고 공산주의 사회 건설을 위한 물적 조건을 창출할 권력과 지식을 가지고 있다는 암묵적 가정에 초점을 맞춘다. 2절에서는 마르크스가 제1인터내셔널 수장으로서 여성의 노동과 가족생활에 관한 정책 변화를 요구하는 노동자들에게 어떻게 반응했는지를 살펴보고, 영국 남성 노동 계급 부문의 명백한 가부장주의에 대한 그의 침묵을 확인한다. 3절에서는 가족생활의 현대적 재조직화에 대한 마르크스의 (겉으로는 중립적인 것처럼 보이는) 입장을 그것이 사회생활과 계급 관계 재조직화에 미친 결과와 대조하면서, 이 재조직화야말로 산업 노동력의 주요 부문을 흡수하기 위한 중대한 수단이었다고 주장한다. 마지막으로 4절에서는 사회주의 운동과 마르크스주의 전통 모두의 프로그램에서 여성의 주변화와 재생산 노동의 장기적인 정치적 결과를 성찰하면서, 이제 이런 이론적이고 정치적인 '실수'가 그들의 조직 능력과 자본주의 사회의 폐허 위에 건설될 사회에 대한 비전에 어느 정도 영향을 미쳤는지 질문할 때라고 주장한다.

사회적 재생산과 노동력 재생산에 관한 마르크스의 견해

마르크스가 19세기 영국에서 가족생활 및 남녀 관계와 관련해 형성 중이던 중대한 변화를 인정하는 데 실패한 이유를 이해하는 열쇠는 그가 《자본론》과 《정치경제학 비판 요강》 모두에서 노동력 재생산에 수반되는 과정을 다루는 방식에 있다. 이것이야말로 자본주의 사회와 자본주의 노동 조직에 대한 마르크스의 분석에서 노동과 노동력이 수행하는 전략적 기능을 고려하는 그의 정치 이론의 핵심 쟁점이었어야 한다. 마르크스에게 노동력은 자본주의 축적의 엔진이자 가치 창조의 본질이며, 노동력 착취는 인간 해방을 위한 투쟁이 결정되는 지형이다. 따라서 이 귀중한 능력의 (재)생산과 관련한 활동은 마르크스의 이론적이고 정치적인 틀에서 중심적 위치를 차지했어야 한다. 그러나 이 책의 앞 장들에서 우리가 이미 살펴보았듯 마르크스는 이에 대해 거의 논의하지 않았으며, 설령 논의할 때조차도 여성의 가사 노동이 이러한 맥락에서 수행하는 특수한 기여를 인식하지는 못하는 방식으로 이루어졌다.

노동력이 어떻게 세대를 거쳐 재생산되는지를 논의할 때도,[8] 마르크스는 여성의 역할에 침묵하며 출산과 관련해 여성과 남성 간 그리고 여성과 국가 간 이해 충돌의 가능성을 상정하지 않는다. 프롤레타리아 여성에게 임신은 특히 혼인 관계가 아닌 경우 종종 사형 선고였음에도 불구하고 말이다. 19세기 중반에 피임 옹호자들이 노동 운동 내에서 벌인 캠페인을 많은 사람이 받아들인 것은 놀라운 일이 아니다.[9] 여성의 출산에 드는 높은 비용과 원치 않는 임신으로 인해 많은 이들이 겪게 될 고통, 그리고 그들이 임신 중단을 위해 기울인 종종 치명적인 노력은 안중에도 없이, 마르크스는 '인구의 자연적 증가'에 대해 말한다. 또한 "자본가는 이것[출산]을 자기 보존과 번식에 대한 노동자의 충동에 안전하게 맡길 수 있다"고 주장하기도 한다.[10] 그리고 맬서스의 인구 이론에 대한 신랄한 비판에서, 자본주의가 노동력 확대를 위해 여성의 출산 능력에 의존하지 않는다고 주장한다. 왜냐하면 자본주의는 "과잉 인구"를 주기적으로 창출하는 지속적인 기술 혁명을 통해 자신의 노동 수요를 충족시킬 수 있기 때문이다.[11] 사실상 자본주의는 노동력을 가치 창출의 본질로 삼는 체제로서, 인구학적 변화에 극도의 관심을 기울이고 여성의 재생산 능력을 엄격하게 규제하며 이를 훼손할 경우 엄중한 처벌을 가해왔는데,[12] 이러한 처벌은 마르크스 시대에 대부분의 유럽에서 이뤄졌다.[13] 실제로 자본가 계급은 잉여 인구 창출과 노동력 규모의 최적화를 결정하기 위해 생산 조직의 변화에만 전적으로 의존한 적이 없다. 마르크스 자신도 인정했듯 산업 자본이 노동자의 생명을 소비하는 속도가 빨라서 새로운 충원이 늘 필요했으며, 이는 주로 농촌 지역으로부터 그리고 여성과 어린이의 고용을 통해 채워졌다. 그리고 그는 산업 지역의 높은 영아 사망률이 엘리트들 사이에서 우려를 불러일으키고 있다는 사실을 분명히 인식하고 있었다. 20세기에조차 지속적인 기술 혁명에도 불구하고 자본주의는 생산력을 발전시키고 착취에 따른 노동자의 저항을 무너뜨리는 데 필요한 노동력의 양과 질에 대한 자신의 필요를 충족하기 위해 여성의 신체 규제와 이주(migratory) 운동에 의존해왔다.[14]

가사 노동과 마찬가지로, 새로운 세대의 노동자를 생산하는 활동에 수반되는 노동은 자본주의적 노동 조직과 착취에 대한 마르크스의 논의에 포함되지 않는다. 따라서 그의 자본주의 분석에는 이전 사회주의 사상가들이 정치적 잠재력을 갖추고 있다고 인식했던 활동과 힘들—정서적 관계, 성적 욕망, 가사와 출산에 관한 관습—분야에 대한 논의가 빠져 있다. 마르크스에게는 성적 열망과 출산이 자본의 경제적 관계와 노동자의 의사 결정 및 투쟁이라는 세계 외부에 있거나 주변부에 머물러 있다. 육아는 여성 노동자가 자녀를 등한시하는 것과 관련해서만 언급한다. 성매매 여성 역시 노동자로서도 정치적 주체로서도 눈에 띄지 않는다. 실라 로보섬(Sheila Rowbotham)에 따르면 "여성은 역사 속에서 의식을 발전시키고 운동하는 사회 집단의 (구성원)으로서가 아니라 사회 상태의 지표로 나타난다".[15] 가난과 도덕적 타락의 피해자로 그려진 여성은 《루이 보나파르트의 브뤼메르 18일》에서 마르크스가 "모든 계급에 대한 거부"[16]라고 일축한 룸펜 프롤레타리아의 일부로 묘사된다. 여성 공장 노동자에 대한 마르크스의 견해도 환원적이다. 우리는 그들의 고통받는 육체와 그들이 겪어야 했던 불평등을 보지만, 여성의 공장 출입이 그들의 주체성을 어떻게 변화시켰는지, 남성과의 관계를 어떻게 변화시켰는지, 그들의 투쟁 능력을 강화 또는 감소시켰는지, 그리고 그들의 요구가 남성의 요구와 어떤 점에서 달랐는지에 대해서는 아무것도 듣지 못한다. 산업 및 농업 노동이 여성과 소녀의 '도덕적 성격'에 미치는 퇴폐적 영향―과로와 난잡한 노동 조건에 노출된 데서 기인하는―에 대한 가끔의 언급을 제외하고, 마르크스는 여성 노동자의 행동에 관해 논의하지 않는다. 《자본론》에서 그들은 단지 학대의 피해자로만 표현되는 그림자 같은 존재로 남아 있는데, 이는 당대의 정치 개혁가들에게 투사된 이미지와 극명한 대조를 이룬다. 그들은 특히 독신에 자녀 양육 부담이 없는 여성 노동자를 어린 나이에 집을 떠나 임금을 받는 덕분에 "스스로 여주인이 되어" 남자처럼 행동하며, 새로운 자유의 감각을 누리는 존재로 묘사했다.[17]

노동의 다양성에서 임금 노동과 '생산'으로

존 벨라미 포스터(John Bellamy Foster)는 이러한 침묵을 설명하면서, 마르크스가 왜 정치경제학 비판을 "가정의 사회적 재생산에 대한 상세한 검토"로 확장하지 않았는지 의문을 제기하며, 마르크스는 《자본론》에서 자본주의에 대한 비판을 "그 고유의 이상적 개념의 관점으로부터", 즉 "그 내적 논리의 관점에서" 제공하는 데 관심이 있었고, 이런 측면에서 재생산 노동은 가치 창출의 경계를 벗어난 것이었다고 주장했다.[18] 벨라미 포스터는 마르크스가 "하나의 시스템으로서 자본의 내적·외적 결정의 모순을 수용하는 방향으로 점점 더 나아갔다"고 썼다. 즉, 마르크스는 무급 재생산 노동의 자본주의적 제거를 수용했고, 내가 보기에는 바로 여기에 문제가 있다. 그렇게 함으로써 그는 고전 정치경제학의 전제 자체를 폭로하는 데 실패했다. 무급 재생산 노동이 노동력 재생산의 원천이자 사실상 '비밀'이라는 점을 드러내는 대신, 자본주의 발전의 논리와 역사에서 전형적으로 나타나는 생산과 재생산의 분리를 성문화하고, '여성 노동'으로서 재생산의 자연화도 성문화했다. 의미심장하게도 그는 《자본론》 세 권에서 찾아볼 수 있는 가사 노동에 대한 유일한 언급을 각주로 넘겨버렸다.[19] 마르크스를 방어하기 위해 노동력 착취와 여성의 노동 및 자연을 포함한 노동력 생산 조건의 착취 사이엔 차이가 있다고 주장하는 것은,[20] 노동력을 생산하는 모든 활동은 자본주의 생산의 본질적 부분이라는 마르크스의 주장을 고려할 때 설득력이 떨어진다.[21]

이유를 설명하려면 더 많은 것이 필요한데, 공장과 가족생활을 재조직하려는 정부 프로그램이 진행 중인 가운데 글을 쓰면서—프롤레타리아 가족의 붕괴와 여성의 재생산 노동을 비난하는 불만의 목소리가 나오는 가운데―마르크스는 자본주의적 착취에 대한 자신의 분석에서 이를 무시했다.

이는 노동 및 계급 투쟁에 대한 환원적 해석과 관련해 그가 혼자가 아니었음을 아는 데 도움을 준다. 페데리코 토마셀로(Federico Tomasello)가 《노동의 시작》에서 주장한 것처럼 1830년 이후 특히 프랑스에서는 복잡한 사회 과정이 전개되면서, 국가와 초기 노동 운동 모두가 임금을 받지 못하는 이들은 배제하고 산업 노동에 종사하는 이들에겐 특권을 부여하는 방식으로 노동과 노동자의 모습을 재정의했다.[22] 빅토르 위고(Victor Hugo)가 《레미제라블》에서 불멸의 장면으로 남긴 1830년 파리 프롤레타리아의 역사적 봉기와 그로부터 1년 뒤 직조공들의 봉기에 의한 리옹시(Lyon) 장악은 반란군 노동자들 가운데 일부 선별된 부문의 '통합' 과정을 촉발했다. 토마셀로는 그 결과 일 잘하고 정직한 임금 노동자가 국가에 의해 노동권 같은 사회적 권리의 담지자로 인정받는 법적 존재로 등장하게 되었고, 이런 권리가 곧 현대 국가와 모든 현대 헌법의 근간이 되었다고 주장했다. 토마셀로에 따르면, 사회적 권리와 관련해 임금 노동에 대한 특권적 지위 부여, 이와 더불어 노동 세계의 단일한 대표자 출현, 위험 계급(classes dangereuses)으로부터 노동 계급(classes laborieuses)의 분리는 노동조합과 사회주의 운동의 시작을 의미했다.[23] 이는 노동 계급에 대한 마르크스의 배타적 개념이 단순히 이론적 입장의 산물이 아니라는 점을 시사한다. 오히려 그것은 제도 정치와 급진 정치 모두에서 특정 노동자 계층의 이익을 우선시하는 정치적 작전의 표현이기도 했고, 이로써 우브리에(ouvrier: '노동자'를 의미하는 프랑스어-옮긴이), 즉 오페라이오(operaio: '노동자'를 의미하는 이탈리아어-옮긴이)를 규범화한 노동자(worker)의 이미지가 구축되었다. 오페라이오는 일반적으로 남성, 백인, 임금을 받는 산업 노동자는 포함하고 가사 노동자, 농부, 노예가 된 아프리카인과 다른 식민지 주민처럼 자본주의가 착취해온 무임금 주체(subject)는 배제했다. 이러한 작업은 마르크스가 정치적 참여를 하기 이전에 이미 진행되었고, 1840년대 초 프랑스에서 법적으로 성문화되었지만, 그의 분석은 사회적 현실에 대한 과학적 연구의 결과로 제시되었기에 오히려 이를 공고히 하는 데 기여했다.

이 과정에서, 19세기 중반까지 유럽에서도 시장의 헤게모니 확대에 대한 프롤레타리아의 저항이 표출된 투쟁—식량 폭동, 가격 담합에 반대하는 폭동, 수출하기 위해 곡물을 항구로 운반하는 수레에 대한 공격, 빵집과 식료품점에 대한 공격[24]—또한 급진적 정치로부터 사라졌다. 이는 광범위한 프롤레타리아 인구의 단결을 보여주는 투쟁으로, 이들의 생계 기반은 19세기 초 곡물 가격의 시장 법칙 종속 같은 토지와 재생산의 상업화 증대로 인해 무너지고 있었다.[25] 알리히 마이어(Ahlrich Meyer)는 다음과 같이 썼다.

> 이 노동하는 빈곤 계급은 일자리를 찾는 거지와 방랑자, 시골의 일용 노동자, 빈농과 소작농, 원시 산업적인 가내 산업의 직조공, 가정부와 도시 잡역부, 계절 이주 노동자, 철도 건설 노동자, 프롤레타리아화한 수공업 노동자, 제조업과 공장 프롤레타리아, 그리고 마지막으로 마르크스가 룸펜 프롤레타리아라고 명명한 위험한 계급, 즉 남성·여성·어린이를 모두 포함해 광범위하게 동원된 계급으로 구성되어 있었고 …… 이들은 또한 이주 과정을 통해 처음으로 유럽적 차원을 띠게 되었다.[26]

마이어가 지적했듯 "거의 100년 동안 지속된 반란의 사이클 속에서" 이러한 빈곤 대중은 그들의 존재 조건이 자본의 조건으로 변형됨으로써 "생존이 더 이상 보장되지 않는다"는 걸 배워야 했다.[27] 따라서 여성을 중심으로 "그들은 생계 문제를 공적 사안으로 여겼고" 재생산 수단으로부터의 "폭력적 수탈과 분리"에 대해 "사회적 전유의 실천"으로 대응했다.[28] 마이어는 만일 1848년에 공산주의의 유령이 유럽을 괴롭혔다면, 이는 폭넓은 스펙트럼의 프롤레타리아가 빈곤과 기아에 시달리는 걸 거부하고 대규모 반란에서 그들의 생존권을 보장받아야 한다고 주장했기 때문이라고 결론지었다.[29] 그의 견해에 따르면, 노동 및 노동자에 대한 환원주의적 개념과 "임금 노동 이론"을 구축할 수 있었던 것은 이러한 투쟁의 패배와 더불어 "빈민과 노동 계급이 새로운 생계 형태에 종속되었기" 때문이다.[30]

그렇더라도 노동 계급을 임금 노동으로 축소하는 것은 마르크스의 작업에서 자본주의에 대한 그의 분석이 갖는 힘을 약화시키는 중요한 결과를 가져온다. 《자본론》을 통틀어 자본주의 사회의 모든 구성 요소—화폐, 신용, 임대료, 기계—가 수백 쪽에 걸쳐 끊임없이 재구축되는 세밀한 분석의 대상이 되는 반면, 프롤레타리아 내부의 차이와 불평등 그리고 자본주의에서 다양한 노동 체제와 착취 형태의 동시적 존재가 갖는 기능과 정치적 결과에 대한 심층적 분석은 찾아볼 수 없다. 예를 들어, 마르크스의 사회적 노동 분업 논의에는 젠더나 인종이 전혀 등장하지 않는다. 이와 비슷하게, 마르크스는 산업 노동의 출현과 더불어 남성 성인 노동자인 아버지가 아내와 자녀의 노동을 고용주에게 판매하는 "노예 상인"[31]이 되고 있다고 개탄하면서도, 그것이 어떻게 가능한지는 질문하지 않는다. 그는 영국의 기혼 여성이 계약 관계를 규정할 수 있는 법적 주체로 여겨지지 않았기 때문에 자신이 벌어들인 임금을 받을 자격이 없었다는 걸 언급하지 않았다.

1870년에 혼인재산법(Marriage Property Act)이 통과되어서야, 법 앞에서 기혼 여성의 존재를 말살하던 중세의 아내 보호 시스템이 종말을 고했다.[32] 영국에서는 남성에 대한 여성의 종속이 너무나 확고해서 노동자 가운데 아내를 지역 시장에 팔아 결혼을 끝내는 대중적 관습이 1901년부터 1913년까지 보고된 사례를 포함해 19세기 후반에 이르도록 지속되었다.[33] 이는 왜 가내 노동이 산업화로 대체되었을 때 '선대제 수공업(putting-out-system: 상인에게서 원재료를 제공받은 소생산자가 집에서 재료를 가공해 제품을 만들고, 그 대가를 치른 상인은 해당 제품을 시장에 내다 파는 산업 형태-옮긴이)'에서 만연하던 가부장적 관계가 사라지지 않고 공장에서 재구성되었는지, 그래서 적어도 첫 단계에서는 생산이 다시 젠더 위계에 따라 아버지가 아내와 자녀의 노동을 하청 주거나 자신의 노동과 함께 판매해 그들의 임금을 청구하는 방식으로 구조화되었는지를 설명해준다.

만일 마르크스가 이러한 가부장적 정책의 사회적 뿌리와 함의를 분석했더라면, 자본주의 관계에 근본적인 변칙이 존재한다는 사실을 인식했을 것이다. 아울러 임금 노동의 발전을 위해 자신이 규정한 조건-예를 들어 '신체 소유권'과 노동할 능력을 뜻하는 '자유'-이 여성에게까지는 확대되지 않는다는 걸 알았을 것이다. 나아가 당시 페미니스트들이 옹호했던 여성의 권리, 특히 결혼과 가정에서 여성의 지위와 관련해 여성의 권리가 노동권이기도 하다는 걸 깨달았을 것이다. 왜냐하면 아내의 행동을 제약하는 남편의 권한이 여성의 투쟁 능력을 확실히 제한했다는 점을 감안할 때, 남편에 의해 '보호받는 것'이 일자리를 얻고 임금을 유지하고 노동자 운동에 참여하는 그들의 능력에 영향을 주었기 때문이다.

노동 계급 내부의 가부장적 관계 문제는 마르크스 시대에 특히 중요했다. 마르크스가 《자본론》을 쓰기 시작했을 때, 비혼 여성이 자신의 수입을 통제할 수 있는 개별 임금 체계 도입 이후 공장에서 여성의 존재에 대한 남성 노동자들의 반대가 거세졌다. 주디 론(Judy Lown)이 《여성과 산업화》에서 보고하듯 그런 움직임은 노동자의 적대감에 직면했고, 그 결과 여성 노동을 미숙련 노동으로 정의하고 여성을 가장 열악한 업무에 가두려는 시도가 생겨났다.[34] 노동조합은 또한 "가부장제 원칙"을 고수하며 "보호법" 통과를 위해 이를 동원하고 "가족 임금"에 대한 남성 노동자의 요구를 지원함으로써, 그들이 아마도 "일하지 않는 아내"를 부양할 수 있도록 했다.[35] 19세기 중반까지 "남성 생계 부양자 규범"은 노동 계급 조직화의 결집점이었다.[36] 다시 말하지만, 마르크스의 《자본론》은 이런 젠더화한 투쟁이 노동자의 단결을 훼손하고 여성의 생계 수단을 위협했음에도 불구하고 이에 대해 언급하지 않는다. 또 한 번 말하건대, 우리가 이 세 권에서 발견한 것은 "여성과 아동의 노동 시간 단축은 성인 남성 노동자에 의해 자본으로부터 강요되었다"[37]는 각주뿐이다.

제1인터내셔널의 젠더, 노동, 가족 임금

그런 중요한 문제에 대한 마르크스의 침묵은 정치적 편의의 산물이었을까? 이는 타당한 질문이다. 우리는 이를 마르크스가 항상 《자본론》 집필을 자신이 창립자이자 지도자였던 제1인터내셔널 내의 정치 및 논쟁과 직접적으로 연결되어 있다고 보았던 엥겔스와의 서신 교환에서 알 수 있다.[38] 우리는 또 여성의 권리가 제1인터내셔널 내에서 많은 논쟁의 주제였다는 것을 알고 있는데, 이 문제와 관련해 조직이 너무나 분열되어서 창립 후 7개월이 지나서야 여성의 회원 자격에 대해 투표했으며, 널리 알려진 여성인 해리엇 로(Harriet Law)가 일반이사회의 일원으로 지도자 직책을 맡기까지 2년이 걸렸다. 그러나 마르크스는 취임사에서 여성의 특수한 상황에 대해 언급하지 않았다. 기록에 따르면, 그는 "노동하는 여성을 위한 특별한 자리를 만들지 않았고, 이들에 대한 억압을 명백히 노동자에 대한 억압의 일부로만 간주했다".[39] 그는 또 1870년대 초 제1인터내셔널의 분과 중 가장 페미니스트적인 12분과를 내쫓기 위해 캠페인을 벌였다.[40] 12분과는 여성 참정권, "자유로운 사랑" 그리고 그 지도자인 빅토리아 우드헐(Victoria Woodhull)이 "사회적 자유"라고 부른 것, 즉 결혼에 새겨진 남성 임금과 가사 노예 제도로부터 여성의 독립을 지지했다.[41] 추방 과정에서 임금 소득을 활용했다는 점은 주목할 만한 가치가 있다. 왜냐하면 제1인터내셔널이 (주로 마르크스의 영향 아래) "'3분의 2 규칙', 즉 제1인터내셔널의 어떤 분과 구성원이든 3분의 2는 임금 노동자여야 한다는 규칙을 제정했고, 이러한 결정은 무역과 공예 노동자의 참여를 선호했지만 대체로 개혁적 사상을 지닌 여성은 배제했기"[42] 때문이다. 이 같은 추방은 노동계급 혁명 운동의 발전에 심대한 영향을 미쳤다. 아마도 마르크스와 바쿠닌을 대립하게끔 만든 무정부주의와 공산주의의 분열만큼이나 중요했을 것이다. 왜냐하면 젠더 관계, 섹슈얼리티와 여성의 권력 문제를 미래로 혹은 더 나쁘게는 부르주아 권리라는 절대 도달할 수 없는 땅으로 밀어 넣었기 때문이다.

    제1인터내셔널의 주요 대변인 중 한 명으로서 마르크스는 의심할 여지 없이 남성 회원 대다수가 여성의 공장 고용을 강력히 제한하고 '가족 임금' 제도를 지지한다는 사실을 알고 있었을 것이다. 그는 이 문제에 대해 모호한 태도를 취했을 가능성이 높다. 이는 제조업 시대의 가족 파괴를 개탄하면서도 여성과 자녀를 가부장적 지배로부터 해방하기 위한 도구로 간주했던 것과 같은 맥락이다.[43] '가족 임금' 문제에 관한 그의 '형세 관망 태도'에 대해 우리는 제1인터내셔널 일반이사회의 유일한 여성 회원이었던 해리엇 로의 증언을 갖고 있다. 이 사안에 관한 토론에서 그의 개입에 반대한 로의 항의에 따르면—제1인터내셔널 일반이사회 회의록에서 보고한 바와 같이—마르크스는 여성의 산업 노동 참여에 우호적이었지만, 현 조건 아래서 여성과 어린이가 일하는 방식은 끔찍하다고 언급함으로써,[44] 가족 임금 옹호자들의 입장을 강화했다.[45] 마르크스가 노동 계급 여성의 이익을 배반했다고 믿은 로는 이에 대해 항의했다. 그러나 산업화 과정이 여성의 참여를 요구했기 때문에, 그리고 《자본론》 제1권에서 이러한 과정이 "더 높은 형태의 가족과 남녀 관계를 위한 새로운 경제적 기반을 창출한다"[46]고 서술했기 때문에, 마르크스가 '가족 임금' 제도와 여성 공장 노동의 감소를 일시적 현상으로 여겼을 가능성이 있다.

만약 이것이 마르크스가 '가족 임금'을 지지하면서 내린 가정이라면, 이는 큰 오산이었다. 1870년대에는 획기적인 개혁 프로그램이 진행 중이었다. 세기 전환기에 이 프로그램은 계급 관계를 변화시키고 계급 갈등을 해소함으로써 많은 전직 여성 공장 노동자를 집으로 돌려보내고 "임금의 가부장제"라고 명명할 수 있는 새로운 유형의 가부장적 체제를 확립했다.[47] 이런 변화로 인해 1848년 이래 자본가 계급을 괴롭히던 노동 계급 혁명에 대한 두려움이 대부분 사라졌다. 1880년대까지 영국에서는 대서양 건너편에서처럼 자본주의적 노동 조직의 법칙을 '자연법칙'으로—마르크스가 자본주의 발전 과정에서 이를 예측했던 것처럼—여기지 않았을 새로운 남성 임금 노동력이 뚜렷하게 모습을 드러냈다. 하지만 이들은 사회적으로나 정치적으로 길들여져서 "일하지 않을 때 편안한 느낌"을 갖는 데 명확하게 새로운 이유가 있었다.[48]

결론

나는 이번 장에서 마르크스가 그의 주요 저작을 통해 가족 재생산 활동과 젠더 위계 같은—산업화의 첫 번째 단계에 존재했고 19세기 중반의 재생산 위기에 대응해 구축된—문제들에 제한적인 관심을 쏟은 것을 단지 산업 혁명의 첫 번째 단계 동안 노동자 계급 가족이 살았던 조건이나 남성주의적 감시 때문만으로 돌릴 수는 없다고 주장했다. 오히려 당시의 사회주의 운동처럼 마르크스는 자본주의의 노동과 노동자에 대한 협소한 개념을 수용했는데, 그 이유는 주로 공산주의 사회 건설에서 자본주의 발전의 역할을 과대평가했기 때문이다. 그는 또한 좀더 평등한 사회를 위한 물질적 기반을 창출하는 산업화의 힘을 과대평가했으며, 임금을 받는 산업 노동자가 혁명의 주체라고 확신했기 때문에 그들의 대의와 관심사를 위해 희생할 준비가 되어 있었다. 그의 관점에서 이러한 대의와 관심사는 남성에 대한 사회적·경제적 종속으로부터 해방을 향한 여성의 열망 같은 자본과 노동 사이의 대립과 직접적으로 관련이 있었다. 따라서 그는 '가족 임금'을 향한 요구와 여성의 공장 노동에 대한 제한이 불가피하게 노동 계급 내 가부장적 관계의 강화를 의미한다는 걸 인식했을 수도 있다. 하지만 그는 이를 받아들였고, 아마도 자본주의 발전이 필연적으로 촉발할 혁명적 과정이 이런 상황을 바로잡을 거라고 확신했을 것이다.

마르크스에 관한 이런 비판은 그가 자본주의 사회에 대한 우리의 이해와 (간접적으로) 페미니즘 이론에 크게 기여한 공로를 인정하는 데 방해가 되지 않는다. 《자본론》 출판을 기념하는 최근 행사에서 알 수 있듯 150년이 지난 지금, 비평가들조차 마르크스의 분석을 자본의 운동과 앞으로의 발전 전망을 해독하기 위한 준거점으로 삼아야 한다. 노동 가치론이 여전히 자본 축적 과정을 기술하는지 여부, 이윤율 하락을 통해 오늘날의 정치경제를 설명할 수 있는지 여부는 마르크스의 생애 말기와 마찬가지로 오늘날에도 중요한 문제로 남아 있으며, 상품화·소외·착취 같은 개념에 의존하지 않는 사회적·정치적 관계에 대한 논의는 지금도 거의 상상할 수 없다. 페미니즘 이론은 또한 역사적으로 구성되는 사회적 현실의 특성을 강조하고, 그럼으로써 자연화/영구화되는 정체성 개념을 거부하는 마르크스의 방법론에 의해 강화되었다. 가장 중요한 점은 마르크스가 우리의 가정생활과 정서적 삶의 가장 친밀한 영역에 대한 자본의 영향력을 탐지할 수 있는 도구를 제공했다는 것이다. 그러나 그는 또한 자본주의가 프롤레타리아의 몸에 심은 분열의 힘과 그것이 혁명적 노동 계급의 발전에 미치는 결과를 과소평가했다.

마르크스의 저작에서 이런 한계를 강조하는 것은 오늘날 특히 중요하다. 왜냐하면 겉으로는 무한해 보이는 자본주의 발전의 파괴력에 직면해 우리는 왜 마르크스가 예측했던 (피할 수 없는) 혁명이 일어나지 않았는지 질문해야 하기 때문이다. 이 질문에 대한 답을 찾는 과정에서 자본주의적 착취에 대한 마르크스주의의 설명이 최근까지 지구에서 가장 큰 부문의 노동과 노동자를 무시해왔으며, 노동자의 삶과 그것이 자본 및 국가와 맺는 관계에 매우 중요한 일련의 쟁점을 계급 투쟁으로부터 배제해왔다는 걸 숙고하는 것은 매우 유용하다. 부인할 수 없는 것은 마르크스주의와 공산주의 이론 및 조직화에서는 여성과 가사 노동 그리고 성 노동 및 자녀 양육이 부재했고, 드문 경우를 제외하고는 마르크스주의 전통에서 노동자는 백인이고 남성이었다는 점이다. 사회주의와 공산주의 운동이 오랫동안 프롤레타리아 여성과 남성에게 매우 중요했던 문제, 가령 피임을 배척하지는 않더라도 무시해온 방식이 대표적인 예다. 월리 세컴이 보고했듯 1910년대와 1920년대에조차 사회주의 정당들은 피임약 사용과 가족 수 제한에 반대하며, 이를 '빈곤을 빈자의 탓으로 돌리려는' 맬서스적 음모로 바라보았다. 예를 들어 클라라 체트킨(Clara Zetkin)은 산아 제한을 "개인주의적 방종"이라고 비난하며 "프롤레타리아는 가능한 한 많은 전사를 보유해야 할 필요성을 고려해야만 한다"고 주장했다.[49] 이런 맥락에서 사회민주당(SPD)이 겨우 1891년에야 "공식적으로 여성의 평등한 권리를 받아들였고, 그것도 매우 제한된 법적 의미에서였다"[50]는 점에 유의해야 한다. 여러 세대의 마르크스주의자들은 또한 전업 가사 노동자를 조직 능력이 없는 후진적 주체로 바라보았다. 전형적으로 자신의 1945년 저서 《여성의 변호》에서 로스앤젤레스 공장 노동자 메리 인먼(Mary Inman)이 가사 노동의 생산성을 강조했을 때, 미국공산당은 그녀가 노동자를 교육하는 당(黨)의 학교에서 계속해서 가르치는 것을 금지했다.[51] 유사한 맥락에서, 1960년대와

1970년대에 마르크스주의자들은 페미니즘 운동의 중요성, 더 구체적으로는 노동력의 가치를 정하는 결정 요인으로서 무급 가사 노동에 반대하는 페미니즘 투쟁의 중요성을 인식하지 못했다는 게 입증되었다.

페미니스트들이 노동 계급을 분열시킨다는 이유로 일상적으로 비난을 받던 1970년대와 비교하면 오늘날에는 많은 것이 변했다. 학생, 페미니스트, 생태 운동의 발전과 임금 노동의 위기로 인해 마르크스주의자들은 공장을 넘어 학교·환경 그리고 더 최근에는 '사회적 재생산'을 노동력 재생산과 계급 투쟁의 핵심 영역으로 바라보게 되었다. 그러나 몇몇 예외를 제외하면 인간의 삶과 노동력 재생산 그리고 그 위에 세워진 젠더 위계를 축적 과정의 핵심 요소로 바라보지 못하는 마르크스주의 좌파의 무능력은 계속되고 있다. 자본주의 발전의 현 단계에서 "비물질 노동"의 지배에 대한 자율주의적 마르크스주의자들의 이론화 및 자본주의가 "생산 과정"에서 살아 있는 노동을 제거하는 방향으로 나아가고 있다는 (《정치경제학 비판 요강》의 '기계에 관한 단편'에 나오는 마르크스의 비전을 확장한) 관련 주장을 살펴보라.[52] 이는 재생산 노동—특히 육아 형태의 재생산 노동—이 산업화로 환원될 수 없으며 대부분의 노동 형태에서 감정적·물질적인 요소가 상호 침투하는 패러다임적 사례라는 사실을 무시한다. 또한 많은 마르크스주의자가 혁명적 과정은 자본주의적 생산의 글로벌화를 전제로 한다는 마르크스 이론에 대한 비판을 계속해서 주저하고 있는 것을 보라. 이것이 전 지구에 걸쳐 많은 사람의 재생산 수단을 파괴하는 대가를 치르고서만 일어날 수 있다는 게 이제 아주 분명해졌음에도 말이다. 실제로, 우리가 자본주의의 진보적 성격에 관한 마르크스의 테제를 수용한다면, 우리는 현재 전 세계에 걸쳐 일어나고 있는 가장 강력한 투쟁 중 일부를 노골적으로 반동적인 것은 아니더라도 효과가 없는 것으로 일축해야만 할 터이다. 왜냐하면 그건 분명 자본주의 발전에 반대하는 투쟁이고, 원주민 공동체의 눈으로 보자면 예를 들어 채광, 석유 시추, 수력 발전소 및 기타 '대형 프로젝트'로 인해 자신들의 땅과 문화가 파괴되는―폭력의 또 다른 이름에 지나지 않는―것에 맞서 싸우는 투쟁이기 때문이다.[53]

결론적으로, 마르크스 이론의 '혁명적 핵심'을 그 밑에 묻혀 있으면서 마르크스에게 의심할 여지 없이 영감을 주던 발전주의적 해석과 적용의 산더미로부터 구출하려면, 우리는 마르크스주의와 자본주의를 재생산 과정의 관점에서 다시 사유해야 한다. 우리 중 일부가 자본주의에 반대하는 투쟁과 착취 없는 사회 건설을 위한 투쟁 모두에서 재생산 과정이 가장 전략적인 토대라는 점을 인식하며 40년 동안 그래왔듯이 말이다.

19세기 영국 가사 노동의 구성과 임금의 가부장제[1]

오늘날에도 가사 노동은 많은 이들이 여성의 타고난 직업으로 여기며, 종종 '여성의 노동'이라는 꼬리표가 붙곤 한다. 실제로 우리가 알고 있는 가사 노동은 상당히 최근에―19세기 후반에서 20세기 초반으로 거슬러 올라간다―구성된 것으로, 이때 노동계급의 반란 압력과 더 생산적인 노동력에 대한 필요성 아래 영국과 미국의 자본가 계급은 공장뿐만 아니라 공동체와 가정 그리고 무엇보다도 여성의 사회적 지위를 바꾸는 사회 개혁을 시작했다.

여성에게 미친 영향이라는 관점에서 볼 때, 이 개혁은 전업주부의 탄생으로 설명할 수 있으며, 이는 몇십 년 만에 여성―

특히 어머니—을 공장에서 몰아내고 남성 노동자의 임금을 증대시켜 '일하지 않는 주부'를 부양할 정도로 충분히 지원하는 한편, 가사 노동에 필요한 기술을 여성 공장 노동자에게 가르치기 위해 대중 교육 형태를 도입하는 사회공학의 복잡한 과정이었다.

이러한 개혁은 정부와 고용주에 의해서만 추진된 것이 아니다. 남성 노동자 역시 여성의 자리는 집이라고 주장하며 공장이나 기타 임금을 받는 일터로부터 여성을 배제할 것을 요구했다. 19세기의 마지막 몇십 년부터 노동조합은 여성과 아동의 경쟁을 제거하면 노동자의 교섭력이 강화될 것이라고 확신하며 이를 위해 강력한 캠페인을 벌였다. 월리 세컴이 《폭풍우를 헤쳐 나가다: 산업 혁명에서 출산율 저하까지 노동 계급 가족》에서 보여주었듯 제1차 세계대전까지 "가족 임금" 또는 "생활 임금"이라는 아이디어가 "노동 운동에서 강력한 고정물이자 발전한 자본주의 세계 전역에서 노동자 정당이 지지하는 노동조합 교섭의 일차적 목표가 되었다".[2] 실제로 "가족을 부양할 수 있을 정도로 충분히 많은 임금을 받을 수 있다는 것은 남성적 존경심의 특징이 되었고, 노동 계급 상층부를 노동 빈민층으로부터 구분했다".[3]

이런 점에서 남성 노동자와 자본가의 이해관계는 일치했다. 위기는 1830년대와 1840년대 영국의 노동 계급 투쟁으로 시작되었는데, 이는 차티스트 운동과 노동조합주의의 발흥, 사회주의 운동의 시작 및 "대륙 전역에 산불처럼 번져, 노동자 삶의 개선이 필요하다는 점을 나라의 통치자들에게 확신시킨"[4] 1848년 유럽 전역의 노동자 봉기로 인해 고용주들 사이에 확산한 공포도 한몫을 했다. 영국이 장기간의 사회적 혼란이나 심지어 혁명에 직면하지 않으려면, 임금을 최저 수준으로 낮추고 노동 시간을 최대로 연장해 재생산을 위한 시간을 남기지 않는 낡은 전략을 폐기해야 했다.

개혁가들의 주요 관심사는 가족과 재생산에 대한 노동 계급 여성의 광범위한 불만이 늘어나고 있다는 점이었다. 공장에서 하루 종일 일해 자신의 임금을 벌고, 독립적이며, 깨어 있는 시간 대부분을 다른 여성 및 남성과 함께 공공장소에서 생활하는 데 익숙한 영국 노동 계급 여성, 특히 공장의 "소녀들"은 "다음 세대 노동자를 생산하는 데 관심이 없었다".[5] 그들은 집안일을 거부하고 거친 매너와 남성 같은 습관—흡연과 음주—으로 부르주아적 도덕성을 위협했다.[6]

여성 노동자의 가사 기술 부족과 낭비에 대한 불만—필요한 모든 것을 사들이는 경향, 남편을 "진을 파는 술집"으로 내모는 상황, 요리와 바느질과 집 안 청소를 못 하는 무능력, 모성애 부족—은 1840년대부터 세기 전환기까지 개혁가들의 보고서에서 주된 내용이었다.[7] 일반적으로 아동고용위원회는 1867년에 다음과 같이 불평했다. "아침 8시부터 저녁 5시까지 일한 그들(즉, 기혼 여성)은 피곤하고 지친 채 집에 돌아오므로 오두막을 편안하게 만들기 위해 더 이상 노력하지 않는다." 그래서 "귀가한 남편은 모든 게 불편하다는 걸 깨닫는다. 오두막은 더럽고, 식사 준비도 되어 있지 않고, 아이들은 성가신 데다 싸우길 좋아하고, 아내는 난폭하고 짜증을 낸다. 그에게는 집이 너무나 불쾌해서 선술집으로 향해 술고래가 되는 일이 드물지 않다".[8]

마르크스조차도 '공장 소녀들'은 가사 기술이 없으며 그들의 수입을 한때 집에서 생산하던 식량을 구매하는 데 사용한다고 언급하면서, 미국 남북전쟁으로 인한 면직 공장 폐쇄가 적어도 한 가지 유익한 효과는 있었다고 결론지었다.

> 여성들은 고드프리 강심제(아편제)로 유아를 중독시키는 대신 젖을 줄 만큼 충분한 여가 시간을 갖게 되었다. 요리를 배울 시간도 있었다. 불행하게도 그들이 이런 기술을 습득한 것은 요리할 게 아무것도 없을 때였다. 이러한 위기는 재봉 학교에서 노동자의 딸들에게 재봉을 가르치는 데에도 활용되었다. 전 세계를 위해 실 뽑는 일을 하는 소녀들이 바느질을 배우려면 미국 혁명과 보편적 위기가 필요했다![9]

여성 고용으로 인해 발생하는 가정 위기에 대한 걱정에 여성이 남성의 특권을 침해하는 데 따른 두려움이 더해졌으며, 이것이 가족의 안정을 훼손하고 사회 불안을 촉발한다고 여겨졌다. 1847년 10시간법(Ten Hours Act) 제정을 위한 의회 토론에서, 일하는 여성의 노동 시간 제한을 옹호하는 어떤 지지자는 이렇게 경고했다. "여성 노동자는 노동을 수행할 뿐만 아니라 남성의 자리도 차지한다. 그들은 다양한 클럽과 협회를 만들고 있으며, 남성의 고유한 몫으로 여겨지던 모든 특권을 점차 획득하는 중이다."[10] 가족 파탄이 불안정한 나라를 만들 것이라는 우려가 제기되었다. 소외된 남편은 집을 떠나 자신의 여가 시간을 선술집, 맥주 가게, 진을 파는 술집 등에서 보내며 위험한 만남을 갖고 난폭한 기질을 드러낼 터였다.

더 큰 위험은 낮은 임금, 긴 노동 시간, 가사 서비스 부족이 결합해 노동력의 소모를 가져오고 기대 수명을 단축하며 좋은 노동자나 좋은 군인이 되기 어려운 쇠약한 개인을 생산한다는 것이었다.

마르크스가 노동력의 세대 재생산 문제를 일축하면서 자본이 노동자의 "자기 보존 본능"에 의존할 수 있다고 주장하는 동안, 1860년대에는 프롤레타리아가 과로, 영양 부족, 지속적인 전염병 노출로 인해 "사멸 위험에 놓여 있다"는 두려움[11]이 자본가 계급에게 주요한 위기를 안겨주고 있었다. 실제로 수년간의 과로와 저임금은 노동자의 재생산 능력을 심각하게 훼손했고, 산업 분야에서 남성의 평균 기대 수명은 30세 미만이었다. 윌리 세컴은 다음과 같이 보고한다.

> 도시 프롤레타리아의 활력, 건강과 체력은 산업화의 첫 번째 단계에서 점차 고갈되었다. 노동자들은 이른 나이에 지쳐 나가떨어졌고, 그들의 아이들은 병들고 허약했다. 열악한 주거 환경에서 성장하면서, 사람들은 8세나 10세가 되면 일을 시작해 해마다 주 5일 반 동안 하루 12시간씩 더 이상 일할 수 없게 되는 40세까지 일하곤 했다.[12]

과로와 영양실조에 시달리며 밀집한 빈민가에 사는 랭커서(Lancashire) 공장 마을의 산업 노동자들은 수명이 짧아지고 일찍 사망했다. 1860년대에 맨체스터와 리버풀의 노동자들은 수명이 30년도 채 안 되었다.[13] 유아 사망 역시 만연했는데, 이 경우에도 산모의 방치와 소외가 주요 원인이라는 비난이 제기되었다. 그러나 공장 조사관들은 여성 노동자가 하루의 대부분 시간을 집을 떠나 있을 경우 유아에게 빵과 물을 먹이고 달래기 위해 고드프리 강심제, 즉 인기 있는 아편제를 충분히 먹이는 어린 소녀나 나이 든 여성에게 유아를 맡기는 것 외에는 다른 선택지가 없다는 것을 인정했다.[14] 당연히 공장 여성들은 임신을 피하려 노력했고, 종종 임신 중단을 유도하는 약물을 복용했다.

이런 배경에서 우리는 세기 중반까지 중산층과 상류층 사이에서, 공장 체제가 강요한 '끔찍한 인명 상실'에 대한 비난이 날로 커졌다는 걸 고려해야 한다. 다른 '업계'의 조건도 별로 나아지지 않았기 때문에 더욱더 우려스러웠다. 개혁가들이 비난한 산업 도시의 생활 조건은 예외적이기는커녕 여성이 갱단 시스템에서 일용직 노동자로 일하던 농업 지역[15]과 노스랭커셔(North Lancashire), 체셔(Cheshire), 사우스웨일스(South Wales) 같은 광산 지역에서도 마찬가지였다. 이런 곳에서는—마르크스도 기술했듯—성인 여성과 13세 또는 그보다 어린 소녀들이 하루 11시간 혹은 그 이상을 구덩이에서 광석을 줍거나, 큰 조각을 부수거나, 쇠사슬에 묶인 채 반쯤 벌거벗은 상태로 무릎까지 차는 물속에서 아이들과 함께 석탄을 마차로 '서둘러' 옮겼다.[16]

노동 계급이 스스로를 재생산해 안정된 노동자를 꾸준히 제공할 수 없다는 명백한 무능력은 특히 문제였다. 왜냐하면 영국과 미국 모두에서 1850년과 세기 전환기 사이에 더 강력하고 생산적인 노동자 유형을 요구하는 생산 체제의 큰 변화가 있었기 때문이다. 일반적으로 "제2차 산업 혁명"[17]이라 불리는 이것은 경공업에서 중공업으로의 전환을 의미했다. 이는 섬유 생산에서 주요 산업 부문이자 자본 축적의 주요 원천인 철강·철·석탄으로의 변화였고, 이 모든 것은 광범위한 철도 네트워크 구축과 증기 기관의 도입으로 가능해졌다.

1840년대에 이르러 이 새로운 산업 혁명의 설계자들 사이에서 새로운 이론이 자리 잡기 시작했다. 그것은 더 높은 생산성과 더 집약적인 형태의 노동 착취를 더 높은 남성 임금, 더 짧은 근무 시간, 그리고 더 중요하게는 노동 계급의 더 나은 생활 조건—근면하고 검소한 아내가 집에 머물 때 제공되는 것—과 연관 지었다.[18]

수십 년 후 영국 경제학자 앨프리드 마셜(Alfred Marshall)은 《경제학 원리》(1890)에서 새로운 산업 신조를 가장 명료한 용어로 표현했다. 그는 노동자의 "육체적·정신적·도덕적 건강과 체력"을 보장하는 조건, 즉 그의 말대로 "물질적 부의 생산이 의존하는 산업적 효율성의 기초"[19]를 구성하는 조건에 대해 숙고하면서, 핵심 요인 중 하나는 "식비로 일주일에 10실링을 지출하는 숙련된 주부는 20실링을 지출하는 미숙련 주부보다 가족의 건강과 체력을 위해 더 많은 일을 하는 경우가 많다"[20]고 결론 내렸다. 마셜은 또 "가난한 이들 가운데 유아 사망률이 높은 것은 주로 음식 준비할 때의 주의력과 판단력 부족에서 기인한다. 어머니의 돌봄 결핍 때문에 아이들은 종종 허약한 체질로 성장한다"[21]고 덧붙였다.

마셜은 또한 다음과 같이 정의되는 "일반적 능력"[22]을 결정하는 데 어머니가 "최초로 그리고 가장 강력한 영향력"을 행사한다고 강조했다.

> 한 번에 많은 걸 염두에 둘 것, 필요할 때 모든 걸 준비할 것, 문제가 생겼을 때 바로 조치할 것, 수행한 작업의 세부 사항 변화에 빠르게 적응할 것, 꾸준하고 신뢰할 수 있을 것, 비상시에 대비할 수 있는 예비력을 항상 확보할 것. 이런 것들이 바로 훌륭한 산업 종사자를 만드는 자질이다. 이러한 자질은 어떤 직업에도 특유하지 않지만, 모든 직업에 필요하다.[23]

그렇다면 1840년대부터 기혼 여성이 공장에서 일하는 시간을 줄여 가사 업무를 수행할 수 있게끔 하고 고용주가 임신한 여성을 고용하지 말라고 권고하는 보고서가 연이어 발표되기 시작한 건 놀라운 일이 아니다. 노동 계급 주부가 탄생하고 한때는 중산층만 누리던 가정과 가족생활이 노동 계급으로 확대된 이면에는 더 건강하고 더 튼튼하고 더 생산적인 그리고 무엇보다도 더 '길들여진' 새로운 유형의 노동자에 대한 필요가 있었다.

따라서 공장에서 여성과 아동의 점진적 추방, 가족 임금 도입, 가정의 미덕에 대한 여성 교육, 요컨대 제1차 세계대전까지 모든 산업 국가의 기준이 된 새로운 재생산 체제와 새로운 '사회 계약'이 탄생했다. 미국에서는 이것이 전쟁 시작 전 10년 동안 포드주의의 등장과 더불어 최고조에 달했고, 이 시기를 "진보 시대(Progressive Era)"[24]라고 부른다. 그 논리에 따르면, 노동 계급 재생산에 대한 투자는 주부의 생산성 증가와 맞물려야 하는데, 이를 위해서는 임금이 잘 쓰이고, 노동자가—하루 더 일할 수 있을 만큼 충분히—돌봄을 받고, 아동은 노동자로서 미래의 운명을 잘 준비해야 한다.

영국에서 이 과정은 모든 여성과 10세 미만 소년이 광산에서 일하는 것을 금지하는 1842년의 광산법(Mine Act), (특히 랭커셔의) 노동자들이 1833년 이래로 줄곧 요구해온 1847년의 10시간법 통과와 함께 시작되었다.

새로운 노동 계급 가족의 구성과 가정에서 무급 가사 노동자로서 여성의 역할을 강화하는 다른 개혁들도 도입되었다. 남성 노동자의 임금이 대폭 증가해 1862~1875년 40퍼센트 올랐고,[25] 그 이후에는 더욱 급격하게 인상되어 1900년에는 1875년보다 3분의 1 넘게 증가했다. 또한 1870년에는 국가 교육 시스템을 도입해 1891년 의무 교육을 실시했다. 그로부터 얼마 지나

지 않아서는 "공립 초등학교에 가정학 과정과 가정 과목의 실습 수업을 도입했다".[26]

"배수와 급수" 및 "거리 청소"를 포함하는 위생 개혁 또한 도입해 걸핏하면 재발하는 전염병에 제동을 걸었다.[27] 식료품뿐 아니라 의류와 신발도 판매하는 상점의 부상과 함께 노동자를 위한 소비 시장이 나타나기 시작했다.[28] 1860년에는 정부가 '젖먹이 농업(baby farming)'에 개입하도록 설득하기 위해 '유아 생명 보호'를 위한 협회가 결성되었다. 유아를 방치한 여성을 처벌하고, 근무 중 고용한 돌보미에게 등록과 검사를 받도록 강제하는 방안도 제기되었다. 아직 일하고 있는 엄마들을 위해 주간(晝間) 보육원을 만들려는 시도도 있었다. 그리하여 1850년 맨체스터와 샐퍼드(Salford) 시장(市長)들의 후원하에 랭커셔에 최초의 주간 보육원이 설립되었다. 그러나 이는—그러한 계획들이 더 이상 공장 일을 할 수 없어 다른 여성의 자녀를 돌봄으로써 벌어들이는 수입에 생존을 의지해야 하는 나이 든 여성들로부터 빵을 빼앗는 셈이라고 간주한—여성 노동자들의 저항으로 인해 실패로 끝났다.[29]

마지막으로, 노동 계급 가족 및 더 건강하고 생산적인 노동력을 창출하기 위해서는 가정주부와 성매매 여성을 엄격하게 분리하는 제도가 필요했다. 친구와 자매가 거리에서 몸을 팔아 더 많은 돈을 벌고 일을 덜할 수 있는 한 여성들에게 집에 남아 무료로 일하도록 설득하는 게 쉽지 않다는 걸 개혁가들이 인식했기 때문이다.

이 경우에도 노동 계급 가운데 성매매 여성이 많은 이유는 낮은 임금과 과밀한 생활 조건 때문뿐만이 아니라, 프롤레타리아 소녀들이 가사 노동 교육을 받지 못했다는 사실 때문이기도 하다는 게 드러났다. 1857년 〈타임스〉에 실린 기사가 주장하듯 이는 적어도 그들을 식민지 하인으로 보내는 걸 촉진했을 것이다.[30] "그들에게 주부 노동을 가르쳐라"는 성매매로 인한 문제의 해결책 중 하나였다. 동시에 성 노동에 대한 통제를 강화하고 이를 더욱 불명예스럽게 만들기 위한 새로운 규정을 도입했다. 그중 첫 번째는 성매매가 이뤄지는 숙박업소를 등록하고, 1864년과 1866년 그리고 1869년의 전염성 질병에 관한 법률을 통해 의료 기관 방문을 의무적으로 시행하고, 질병 진단을 받은 사람을 최대 6개월 동안 병원에 구금하는 것이었다.[31]

착하고 근면하며 검소한 아내와 돈을 낭비하는 성매매 여성을 구분하는 것은—'좋은' 여성을 '나쁜' 여성으로부터 그리고 아내를 '창녀'로부터 분리하는 것이 무급 가사 노동의 수용을 위한 조건이었던—세기의 전환기에 나타난 가족 구성에서 핵심적인 요건이었다.

의사이자 사회 개혁가인 윌리엄 액튼(William Acton)은 이렇게 말했다.

> 나의 주된 관심사는 그들의 사악하고 방탕한 자매애가 그들의 언어로 화려하게 혹은 '일류'라고 과시하는 것을 보는 데 익숙해짐으로써 기혼 여성에게 미치는 영향을 고려하는 데 있었다. 이들은 남자들의 모든 관심을 받아들이고, 술을 마음껏 마시고, 가장 좋은 자리에 앉고, 자신의 지위보다 훨씬 좋은 옷을 입고, 쓸 돈이 많고, 오락이나 즐거움을 일체 거부하지 않고, 가족적인 유대감이 없고, 자녀로 인한 부담도 없었다. **이 드라마의 의도가 무엇이든 방종한 삶의 이러한 실질적 우월성은 약삭빠른 섹스에 대한 관심을 피할 수 없었을 것이다.**[32]

가정주부와 공장에서 일하는 여자 그리고 가장 중요하게는 가정주부와 성매매 여성의 분리를 통해 새로운 성적 분업이 탄생했다. 이는 여성이 일하는 지역과 그들의 업무를 뒷받침하는 사회적 관계의 분리로 특징지을 수 있다. 존중은 무급 노동과 남성 의존에 대한 보상이 되었다. 이러한 '거래'는 새로운 세대의 여성이 이를 거부하기 시작한 1960년대와 1970년대까지 여러 가지 방법으로 계속되었다. 그러나 개혁가들의 노력과 더불어 새로운 체제에 대한 반대가 확산했다. 많은 프롤레타리아 여성이 강제로 집에서 일해야 한다는 생각에 저항했다. 마거릿 휴잇(Margaret Hewitt)이 보고하듯 잉글랜드 북부에서는 많은 여성이 그럴 필요가 없을 때도 일을 하러 나갔다. 왜냐하면 "일하는 것에 대한 확장된 취향"33이 생겨났기 때문이다. 그들은 "고독한 집안일을 싫어해서 조용한 집보다 붐비는 공장"34을 더 선호했다.

가족의 경제적 생존을 남성 노동자에게 의존하게 되면서, 임금의 사용과 관리를 둘러싸고 여성과 남성 사이에 새로운 갈등이 생겨났다. 따라서 월급날은 긴장감이 넘치는 날이었다. 아내는 남편의 귀가를 애타게 기다렸고, 종종 남편이 술집에서 임금을 다 써버리기 전에 가로막으려 했으며, 때로는 아들을 보내서 데려오기도 했는데, 몸싸움을 통해 문제를 해결하는 경우도 많았다.35

이러한 대전환 과정에서 남성 노동자와 여성 노동자의 이해관계는 더욱 갈라졌다. 노동조합이 제1차 세계대전 무렵 모든 산업 지역에 퍼져나간 새로운 가내 체제를 환영한 반면, 여성은 남성에게 더욱 의존하게 되었고 점점 더 서로로부터 고립되어— 자기 돈도 없고 일하는 시간에도 제한이 없는—집이라는 폐쇄된 공간에서 일하도록 강제받는 여정을 시작했다.

이런 변화로 인해 1848년 이래 자본가 계급을 괴롭히던 노동 계급 혁명에 대한 두려움이 대부분 사라졌다. 1880년대까지 영국에서는 대서양 건너편에서처럼 자본주의적 노동 조직의 법칙을 '자연법칙'으로—마르크스가 자본주의 발전 과정에서 이를 예측한 것처럼—여기지 않았을 새로운 남성 임금 노동력이 뚜렷하게 모습을 드러냈다. 하지만 이들은 사회적으로나 정치적으로 길들여져서 "일하지 않을 때 편안한 느낌"[36]을 갖는 데 명확하게 새로운 이유가 있었다.

미국과 영국 성 노동의 기원과 발전[1]

자본주의 사회 초기부터 성 노동은 자본주의적 생산과 자본주의적 분업의 맥락에서 두 가지 근본적인 기능을 수행해왔다. 한편으로, 새로운 노동자의 출산을 보장했다. 다른 한편으로, 일상적 재생산의 핵심적인 측면이었다. 최소한 남성에게 노동일 동안에 쌓인 긴장을 풀어주는 안전판이었고, 오랫동안 그들에게 허락된 몇 안 되는 즐거움 중 하나였다. 프롤레타리아라는 개념 자체가 스스로를 대량으로 재생산하는 노동 계급을 의미했다. 왜냐하면 아이가 하나 더 있으면 공장 일손이 늘어나고 급여도 늘어나는 걸 의미했을 뿐 아니라, 섹스는 가난한 사람들에게 유일한 쾌락이었기 때문이다.

그 중요성에도 불구하고 산업화 첫 단계에서는 노동 계급의 성행위에 대한 국가의 규제가 크게 이뤄지지 않았다. 19세기 후반까지 지속된 이 시기에 자본가 계급의 주요 관심사는 생산될 노동력의 질보다는 양이었다. 영국 노동자가 남성과 여성을 막론하고 평균 약 35세에 사망한다는 사실은—노동자들이 해 뜰 때부터 해 질 때까지, 삶의 첫해부터 죽을 때까지 공장에서 시간을 보내는 한, 그리고 잇따라 죽어나가는 노동력을 대체하기 위해 새로운 노동력이 풍부하게 생산되는 한—공장 소유주들에게 문제가 되지 않았다.[2] 영국의 남성과 여성 노동자는 풍부한 프롤레타리아를 생산할 것으로 기대되었으며, 이와 관련해 그들의 '도덕적 행위'는 거의 고려되지 않았다. 실제로 뉴욕과 마찬가지로 글래스고에서도 문란한 행위는 노동자들이 공장을 떠나 몇 시간씩 보내는 빈민가 기숙사에서 흔할 일이었을 것이다. 또한 영국과 미국 여성 노동자들이 공장 노동과 성매매를 번갈아 하거나 결합할 것으로 예상되었는데, 이런 일은 산업화 과정의 도약과 함께 이들 국가에서 폭발적으로 증가했다.[3]

상황이 변하기 시작한 것은 19세기 후반부터였다. 노동 계급 투쟁이라는 압박하에서 다른 유형의 노동자를 요구하는 생산의 구조 조정이 일어나고, 이에 따라 재생산 과정도 바뀌었다. 경공업에서 중공업으로, 기계 프레임에서 증기 기관으로, 직물

생산에서 석탄과 강철 생산으로 전환됨으로써 덜 쇠약하고 질병에 덜 걸리고 (중공업으로의 전환에 따른) 강렬한 작업 리듬을 더 잘 유지할 수 있는 노동자가 필요해졌다. 일반적으로 산업 노동자의 높은 사망률에 무관심한 자본가 계급이 남성 임금을 높이고 프롤레타리아 여성을 집으로 돌려보내는 동시에, 더 잘 재생산된 임금 노동자가 수행하게 될 공장 노동의 강도를 높이는 방식으로 새로운 재생산 전략을 고안한 것은 바로 이런 맥락에서였다.

따라서 테일러주의 도입 및 노동 과정의 새로운 조직화와 함께, 19세기 후반에는 여성의 새로운 가정적 역할 구축을 중심으로 한 노동 계급 가족의 개혁이 이루어졌고, 이것은 여성을 더 숙련된 노동력 생산의 보증인으로 만들어주었다. 이는 여성이 출산해서 노동력을 충원하는 것은 물론 노동 능력을 재통합하는 데 필요한 신체적·정서적·성적 서비스를 제공함으로써 노동자의 일상적인 재생산을 보장하도록 유도한 것이었다.

앞서 언급했듯 1850년부터 1880년 사이 영국에서 일어난 노동의 재조직화는 더 건강하고 더 규율적이고 더 생산적인 노동력을 확보할 필요성, 무엇보다도 노동 계급 조직화라는 큰 파도를 넘어서야 할 필요성에 따른 것이었다. 그러나 추가로 더 고려했던 것은 여성의 공장 채용이 여성의 재생산 노동에 대한 수용과 능력을 파괴했으므로, 이에 대한 구제책을 강구하지 않으면 영국 노동 계급의 재생산이 심각하게 위태로워질 것이라는 깨달음이었다. 1840년부터 1880년 사이에 영국 정부가 임명한 공장 조사관들이 여성 공장 노동자들의 행위에 관해 정기적으로 작성한 보고서를 보면, 재생산 방식의 변화를 주장하는 데에는 남성 노동 계급의 건강과 전투성에 대한 우려 이상의 것이 관련되어 있었다는 걸 충분히 알 수 있다.

부르주아의 상상 속에서, 무규율적이고 가사 노동과 가족 및 도덕성에 무관심하며, 자신에게 맡겨진 일은 하지 않은 채 즐거운 시간을 보내기로 마음먹고 집을 떠나 거리나 술집으로 가서 남자처럼 술을 마시고 담배를 피우며, 자녀들을 등한시하는 여성 공장 노동자는 기혼이든 비혼이든 안정적인 노동력 생산에 위협적이므로 길들여야만 했다. 노동 계급 가족의 '가정화(domestication)'와 전업 노동 계급 가정주부 창출이 국가 정책으로 대두한 것은 바로 이러한 맥락에서였고, 이는 새로운 형태의 자본 축적을 알리는 것이기도 했다.

마치 공장 생활의 현실을 갑자기 깨닫기라도 한 것처럼, 1850년대에 수많은 개혁가들은 여성이 집에서 멀리 떨어져 있는 오랜 시간을 비난하기 시작했다. 이들은 '보호법'을 수단으로 처음엔 여성의 야간 근무를 폐지하고 나중에는 기혼 여성을 공장에서 내쫓아, 이들이 인내와 복종의 기술을 인식해 '가정의 천사'와 같은 기능을 하도록 재교육받게 했다. 이는 특히 그들에게 맡겨진 노동이 보수를 받지 않는 일이었기 때문이다.

세기가 바뀔 때까지 중산층과 상류층 여성에게 국한했던 '여성의 미덕'에 대한 이상화가 노동 계급 여성에게까지 확대되어 그들에게 기대하던 무급 노동을 은폐했다. 이 시기에 노동 계급 사이에서 절대적인 자기희생 능력으로 장려하는 **모성**과 **사랑**이라는 이상을 홍보하는 새로운 이데올로기 캠페인을 우리가 목도하는 것은 전혀 놀라운 일이 아니다. 어린 자녀를 부양하기 위해 자신의 머리카락과 치아 2개를 파는 《레미제라블》의 성매매 어머니 팡틴(Fantine)은 이러한 이상의 적절한 구현이었다. '부부 사랑'과 '모성 본능'은 공장 노동이 여성의 도덕성과 재생산 역할에 미치는 해로운 영향에 대한 불평과 더불어 빅토리아 시대 개혁가들의 담론에 스며든 주제였다.

하지만 성 노동을 규제하지 않고 가사 노동을 규제하는 것은 불가능하다. 가사 노동과 마찬가지로, 이 단계에서 자본과 국가의 성 정치(sexual politics)를 특징 지은 것은 이미 부르주아 가정에서 여성의 성적 행위를 규제하고 있는 원칙을 프롤레타리아 여성에게까지 확장한 것이었다. 그 원칙들 가운데 첫 번째는 여성에게 즐거움과 금전적 이득을 가져다주는 원천인 여성의 섹슈얼리티에 대한 부정이었다. 여성 공장 노동자이자 성매매 여성—두 경우 모두 유급 노동자—을 가족의 안녕을 위해 자신의 이익과 욕구를 희생할 준비가 된 무급의 어머니이자 아내로 변화시키기 위한 필수적인 전제는 모든 에로틱한 요소가 갖는 모성적 역할을 '정화'하는 것이었다.

이는 아내-어머니가 섹스나 보수에 대한 어떤 욕망도 없는 (일종의 정서를 품은) '사랑'의 즐거움만을 누려야 한다는 의미였다. 성 노동 자체에서는 '출산을 위한 성'과 '쾌락을 위한 성' 사이의 노동 분업이, 그리고 여성의 경우에는 섹스를 반사회적 특성과 연관시키는 경향이 심화되었다. 미국과 영국 모두에서 '순수한 여성'을 '성매매 여성'과 구분하기 위한 목표로 새로운 성매매 규정이 도입되었는데, 이러한 구분은 여성이 공장 노동으로 진입하면서 사라졌다. 영국의 개혁 주창자 중 한 명인 윌리엄 액튼은 공공장소에 성매매 여성이 항시적으로 존재하는 게 얼마나 해로운지를 지적했다. 그가 제시한 이유는 다음과 같다.

> 나의 주된 관심사는 그들의 사악하고 방탕한 자매애가 그들의 언어로 화려하게 혹은 '일류'라고 과시하는 것을 보는 데 익숙해짐으로써 기혼 여성에게 미치는 영향을 고려하는 데 있었다. 이들은 남자들의 모든 관심을 받아들이고, 술을 마음껏 마시고, 가

장 좋은 자리에 앉고, 자신의 지위보다 훨씬 좋은 옷을 입고, 쓸 돈이 많고, 오락이나 즐거움을 일체 거부하지 않고, 가족적인 유대감도 없고, 자녀로 인한 부담도 없었다. 이 드라마의 의도가 무엇이든 방종한 삶의 이러한 실질적 우월성은 약삭빠른 섹스에 대한 관심을 피할 수 없었을 것이다.[4]

액튼의 계획은 또한 다른 우려, 즉 프롤레타리아 사이에 성병, 특히 매독의 확산에서 촉발되었다.

양심적인 부모인 독자라면 꼭 나를 지지해야 한다. 내가 주장하는 위생 조치를 시행한다면, 사람이 얼마나 덜 불안해하며 아들들이 유아기에서 성인기로 성장하는 것을 생각하지 않겠는가? 정치가와 정치경제학자는 이미 내 편이기 때문에 육군과 해군이 무력화되지 않았고, 노동력이 약화되지 않았고, 심지어 인구조차도 내가 맞서야 한다고 제안하는 악에 의해 나빠지지 않지 않았는가?[5]

성매매 규제는 19세기 전반 프랑스에서 채택한 모델과 마찬가지로 성 노동자를 의학적 통제에 복종시키는 걸 의미했다.
경찰과 의료계를 통해 국가가 성 노동의 직접적인 감독자가 되도록 만든 이 규정과 함께, 우리는 성매매 여성과 어머니를 서로 분리되고 상호 배타적인 여성적 특성과 기능으로, 즉 쾌감 없는 모성과 모성 없는 '쾌감'으로 제도화했다. 사회 정책은 성매매 여성이 어머니가 되지 못하도록 요구하기 시작했다.[6] 그런 여성의 모성은 숨겨지고 일터에서 제거해야 했다. 당시 문학에서, 성매매 여성의 아이는 시골에 살며 자선 관리인에게 위탁되었다. 대조적으로 어머니, 배우자, '정숙한 여성'은 섹스를 단지 가내 서비스, 즉 피할 수는 없지만 자신에게 아무런 쾌감도 주지 않는 부부의 의무로만 여겨야 했다. 어머니에게 허락된 유일한 성은 결혼과 출산—즉, 거의 즐거움을 느끼지 못하고 임신의 두려움을 동반한 끝없는 무급 노동 시간—에 의해 정화된 성이었다. 따라서 19세기 소설에서 남편의 강요에 시달리는 여성의 고전적 이미지가 전해졌고, 여성은 사회가 자신의 머리에 두르려 하는 고결함의 아우라에 어긋나지 않도록 조심해야 했다.

하지만 성 노동과 육아라는 노동 분업은 자본이 이를 강제하기 위해 많은 심리적·육체적 폭력을 사용했기 때문에 가능했다. 어머니의 희생에 대한 찬미와 함께 19세기 문학을 가득 채웠던 '유혹당하고 버림받은' 비혼모의 운명은 '명예를 잃고' '창녀'로 여겨지는 것보다는 무엇이든 더 낫다고 여성들에게 부단히 경고해왔다. 그러나 여성을 제자리에 묶어두는 데 가장 큰 역할을 한 채찍은 성매매 여성이 다른 여성들로부터 점점 더 고립되어 지속적인 국가 통제에 놓이며 프롤레타리아 수준에서 살도록 강요받는 상황이었다.

하지만 성매매의 범죄화에도 불구하고 존경받는 노동 계급 가족을 만들려는 노력은 오랫동안 좌절되었다. 남성 노동 계급 중 극히 일부만 가족이 '그의 일자리'만으로 생계를 유지할 수 있는 임금을 받았고, 성 노동은 항상 프롤레타리아 여성이 가장 쉽게 이용할 수 있는 수입원이었다. 그들은 성 문제의 변동성으로 인해 종종 아이들을 홀로 부양해야 했다. 1970년대 이탈리아에서 경각심을 일으킨 한 가지 발견이 이뤄졌다. 제1차 세계대전 이전에 대부분의 프롤레타리아 자녀들은 출생 시 아버지가 '성명 미상'으로 등록되었다는 사실이 밝혀진 것이다. 고용주는 여성의 빈곤을 이용해 어떤 직업이든 그걸 유지하거나 남편이 해고되는 것을 방지하기 위해 성매매를 강요했다.

'정숙한' 노동 계급 여성은 결혼과 성매매 간, 그리고 창녀와 존경할 만한 여성 간 구분이 매우 모호하다는 것을 항상 알고 있었다. 프롤레타리아 여성은 여성에게 결혼이란 "낮에는 하녀, 밤에는 창녀"[7]가 되는 걸 의미한다는 것을 항상 알고 있었다. 즉, 만일 그들이 부부의 침대를 포기할 계획이라면, 가난을 고려해야만 했다. 여전히 여성의 섹슈얼리티를 봉사로 규정하고 쾌락을 부정함으로써, 여성의 섹슈얼리티는 죄악이며 결혼과 출산을 통해서만 구원받을 수 있다는 생각을 오랫동안 지속시켜왔으며, **모든 여성을 잠재적인 성매매 여성으로 간주해 끊임없이 통제당하는** 상황을 만들어냈다. 그 결과 페미니즘 운동이 등장하기 이전에 여러 세대의 여성은 자신의 섹슈얼리티를 무언가 부끄러운 것으로 여기며 살아왔고, 자신이 성매매 여성이 아니라는 걸 입증해야 했다. 동시에 성매매는 국가가 통제하는 사회적 비난의 대상임에도 불구하고 노동력 재생산의 필수 요소로 인식되었다. 왜냐하면 남편의 성적 욕구를 아내가 완전히 만족시킬 수는 없을 것이라고 가정했기 때문이다.

　이는 왜 **성 노동이 사회화한 가사 노동의 첫 번째 측면이었는지**를 설명한다. 자본이 계획한 성 노동의 첫 번째 단계에서 전형적으로 나타난 국가 성매매업소, 즉 **카사 치우사**(casa chiusa, 폐쇄된 집) 또는 **메종 데 팜**(maison des femmes, 여성들의 집)은 **여성을 집단적 연인으로 제도화해 남편과 포주로서 국가에 직간접적으로 봉사하게 했다**. 수백만 명이 무료로 제공하는 일을 돈 받고 하는 여성들의 게토화(ghettoizing) 외에도, 성 노동의 사회화는 생산적 효율성의 기준에 부합했다. 성매매업소에 전형적인 **성교의 테일러화**(Taylorization)는 성 노동의 생산성을 크게 증대시켰다. 저렴하고 쉽게 접근할 수 있으며 국가가 후원하는 섹스는 공장이나 사무실에서 하루를 보낸 후 사랑의 모험을 찾거나 자발적인 관계의 길을 시작할 시간과 에너지가 없는 노동자에게 이상적이었다.

성 노동에 대한 투쟁

핵가족화와 부부간 성관계가 증가하면서 가사 노동과 성 노동에 저항하는 여성 투쟁의 역사에서 새로운 국면이 시작되었다. 이러한 투쟁의 증거는 20세기 초 미국과 영국 그리고 핵가족 모델을 처음 도입한 중산층에서 이혼이 증가한 것이다.

 윌리엄 오닐(William O'Neill)이 지적하듯 "대략 19세기 중반까지 이혼은 서구 세계에서 드문 사건이었다. 이후로 이혼율이 꾸준히 증가해 세기말에는 결혼의 법적 해소가 주요 사회 현상으로 인식되었다".[8] 그는 계속해서 이렇게 말한다. "만일 우리가 빅토리아 시대의 가족을 새로운 제도로 간주한다면 …… 왜 이혼이 가족 제도의 필수적인 부분이 되었는지를 알 수 있다. 가족이 사회 조직의 중심으로 자리 잡으면, 그 친밀성에 질식할 정도가 되고, 그 제약에 견딜 수 없게 되며, 그 기대치가 너무 높아서 실현할 수 없게 된다."[9]

 오닐과 동시대인들은 가족의 위기와 이혼 급증 이면에 여성들의 반항이 있다는 걸 잘 알고 있었다. 미국에서는 대부분의 이혼 요구를 여성이 제기했다. 이혼은 여성이 가족의 규율에 거부감을 표현하는 유일한 수단은 아니었다. 같은 시기에 미국과 영국 모두 출산율이 떨어지기 시작했다. 1850년부터 1900년까지 미국의 평균 가족 수는 한 명이 줄어들었다. 동시에 두 나라 모두에서 노예 폐지 운동에 영감을 받아 '가내 노예 제도'를 겨냥한 페미니즘 운동이 발전했다.

1889년 〈북아메리카 저널〉이 게재한 "여성에게 책임이 있는가?"—이혼에 관한 심포지엄의 제목—는 이 시기 여성에 대한 공격의 전형적 예였다. 여성은 탐욕스럽고 이기적이며, 결혼에 너무 많은 걸 기대하고, 책임감이 약하며, 공동의 안녕을 편협한 개인적 이익에 종속시킨다고 비난받았다. 이혼하지 않았을 때도, 여성은 종종 질병과 탈성애화(desexualization)의 형태를 취하는 가사 노동과 성 노동에 맞서 매일 투쟁했다. 1854년 초에 미국의 의사이자 가족 개혁 주창자인 메리 니컬스(Mary Nichols)는 다음과 같이 썼다.

> 태어난 자녀의 10분의 9는 엄마가 원하지 않는다. ……문명화된 수많은 여성은 성적 열정이나 모성애를 갖고 있지 않다. 모든 여성은 사랑과 지지를 원한다. 그들은 이 사랑이나 지지를 위해 자

녀를 낳거나 성매매 여성이 되길 원하지 않는다. 현재의 결혼 생활에서는 자녀를 낳는 것과 애정 어린 포옹을 거부하는 본능이 존재하며, 이는 태어난 자녀에 대한 사랑만큼 일반적이다. 여성에게서 모성과 성적 본능이 소멸되는 것은 끔찍한 병리학적 사실이다.[10]

여성은 부부간의 의무와 원치 않는 임신의 위험을 피하기 위해 연약함, 허약함 및 갑작스러운 질병(편두통, 실신, 히스테리)을 핑계로 삼았다. 엄밀히 말하면, 이것은 '질병'이 아니라 가사 노동과 성 노동에 대한 저항의 형태였는데, 이는 이 같은 현상의 만연한 특성뿐만 아니라 남편의 불평과 의사의 설교에서도 나타난다. 미국의 의사 글리슨(R. B. Gleason) 여사는 20세기 전환기에 중산층 가정 여성과 남성의 관점에서 본 질병과 거부의 변증법을 이렇게 표현했다.

아내는 이렇게 말한다.
나는 절대 결혼하지 말았어야 해요. 왜냐하면 내 인생은 길고 긴 고통이기 때문이에요. 내 인생을 나 혼자서는 견딜 수 있어요. 하지만 해마다 내가 견디고 있는 비참함을 함께하며 그걸 영속시킬 아이들의 어머니가 된다는 생각은 너무나 비참해서 정신이

혼미해질 정도예요.

의사는 이렇게 말한다.
예비 남편은 자신이 선택한 아름답고 연약한 아내를 보호하기 위해 세심한 배려를 기울일 수도 있습니다. 그는 젊은 시절을 함께한 아내가 끊임없이 아프고 너무 일찍 늙어가는 것을 사랑스럽게 소중히 여길 수도 있습니다. 하지만 여전히 그에게는 조력자가 없죠. 인생의 기쁨을 2배로 늘려주거나 그를 위해 인생의 수고를 덜어줄 사람이 없는 겁니다. 일부 아픈 여성은 이기적으로 변해서 자신과 같은 관계를 맺으면 자신이 고통받을 때 다른 이도 고통받는다는 사실을 잊어버립니다. 병든 아내를 둔 진실한 남편은 인생의 절반밖에 살지 못하죠.

남편은 이렇게 말한다.
그녀가 언제쯤 건강해질 수 있을까요?[11]

질병이 아닐 경우 여성은 불감증에 걸렸거나, 메리 니컬스의 말에 따르면 "어떤 육체적인 결합도 허용하지 않는 무관심한 상태"[12]에 빠진 것이다. 여성, 특히 중산층 여성이 자신의 성생활에 대한 통제를 거부하는 성적 규율의 맥락에서, 불감증과 신체적 통증의 확산은 순결에 대한 정상적인 방어의 연장선, 즉 여성이 상황을 자신에게 유리하게끔 바꾸고 자신을 성적 도덕성의 진정한 수호자로 자처할 수 있게 하는 과도한 미덕으로 위장될 수 있었다. 이런 방식으로 빅토리아 시대 중산층 여성은 종종 자기 손녀들보다 더 많이 성적 의무를 거부할 수 있었다. 수십 년 동안 여성이 성 노동을 거부해온 이후, 심리학자·사회학자 그리고 여타 '전문가'들은 현명해져서 이제는 후퇴할 생각이 없었다. 실제로 오늘날에는 '불감증에 걸린 여성'을 특히 해방되지 못했다고 비난하며 죄책감에 빠지게끔 하는 총체적인 캠페인이 벌어지고 있다.

19세기 사회과학의 개화는 부분적으로 가족 위기 및 가족에 대한 여성의 거부와 관련이 있음에 틀림없다. 정신 분석은 성적 통제의 과학으로 탄생했으며, 가족 관계 개혁을 위한 전략을 제공하는 역할을 맡았다. 미국과 영국 모두에서 20세기 첫 10년 동안 섹슈얼리티 개혁을 위한 계획이 출현했다. 단행본·소책자·팸플릿·에세이 및 논문이 가족과 '이혼 문제'에 전념하면서, 위기의 깊이뿐만 아니라 새로운 성/가족 윤리가 필요하다는 인식이 확대되고 있음을 드러냈다. 그래서 미국에서는 좀더 보수적인 집단이 가족보호연맹을 설립하고 급진적인 여성들은 자유로운 노동조합을 옹호하며 이 시스템을 작동시키려면 "국가가 모든 어머니에게 당연히 보조금을 지급하는 것이 필요하다"[13]고 주장했다. 이에 사회학자와 심리학자들은 이 논쟁에 참여하면서 문제를 과학적으로 해결하자고 제안했다. 새로운 성적 코드를 체계화하는 것이 프로이트의 과제였을 테고, 이것이야말로 그의 작업이 두 나라에서 그토록 인기를 얻었던 이유다.

프로이트와 성 노동의 개혁

표면상 프로이트의 이론은 일반적으로 섹슈얼리티에 관한 것처럼 보이지만, 그 진짜 목표는 여성의 섹슈얼리티였다. 프로이트의 작업은 여성이 가사 노동, 출산 그리고 성 노동을 거부하는 데 대한 대응이었다. 그의 글에서 잘 알 수 있듯 프로이트는 '가족의 위기'가 여성이 자기 일을 하길 원하지 않거나 할 수 없다는 사실에서 비롯되었다는 것을 깊이 인식하고 있었다. 프로이트는 또한 남성의 발기 부전 증가를 우려했는데, 이는 그가 당시의 주요한 사회 현상 중 하나로 묘사할 정도로 비율이 높았다. 프로이트는 이러한 현상을 "여성에게 가해지는 요구가 남성의 성생활에까지 확대되고, 일부일처제 결혼을 제외한 성관계를 금기시하는 것" 때문으로 돌렸다. 그는 다음과 같이 썼다. "문명화한 성적 도덕성은 …… 일부일처제를 미화함으로써 …… 남성의 선택—인종(race)의 발전을 이룰 수 있는 유일한 영향력—을 무력화한다."[14]

성 노동에 반대하는 여성의 투쟁은 가정 내 연인으로서 그들의 역할을 위태롭게 하고 남성의 불만을 초래했을 뿐만 아니라, (아마도 당시에는 더 중요했을) 출산자로서 그들의 역할도 위태롭게 했다. 프로이트는 이렇게 썼다.

> 마취제 유형의 여성이 문명화한 교육 밖에서도 발견되는지 나는 모르지만, 가능성이 있다고는 생각한다. 어떤 경우에도 기쁨 없이 임신하는 이런 여성은 나중에 잦은 출산과 이에 수반된 고통을 견디려는 의지가 거의 없어, 결혼을 앞두고 하는 훈련은 결혼 목적 그 자체를 직접적으로 좌절시키고 만다.[15]

프로이트의 전략은 더 자유롭고 만족스러운 성생활을 통해 아내와 어머니라는 여성의 전통적 역할을 더 견고한 기반 위에서 재구성하기 위해 섹슈얼리티를 가사 노동과 규율 속으로 (재)통합하는 것이었다. 다른 말로 하면, 프로이트에게 **섹슈얼리티는 가사 노동을 공고히 하는 데 기여하며** 노동의 한 요소, 곧 그 자체로 일종의 의무가 된다. 프로이트의 처방은 한층 건강한 가정생활과 가족을 위한 좀더 자유로운 섹슈얼리티다. 즉, 여성은 결혼 후 몇 달 만에 히스테리, 신경증 및 불감증에 빠지거나 레즈비언 같은 '타락한' 경험을 통해 계율을 어기려는 유혹에 빠지는 대신 자유로운 섹슈얼리티를 아내로서 자기 역할과 동일시한다.

프로이트를 시작으로, 여성의 성 해방은 가사 노동의 강화를 의미했다. 심리학계에서 장려한 아내와 어머니 모델은 더 이상 풍부한 자손을 낳는 어머니 모델이 아니었고, 남편에게 수동적이거나 저항적인 신체의 단순한 삽입에서 얻을 수 있는 것보다 더 높은 수준의 쾌락을 보장해야 하는 아내-애인 모델이었다.

미국에서는 진보 시대에 가정생활의 발전과 함께 프롤레타리아 가정에서 섹슈얼리티가 가사 노동에 재통합되기 시작했고, 노동과 임금에 대한 포드주의적 재편성과 더불어 가속화되었다. 이는 조립 라인, 하루 5달러 임금 및 작업 속도 향상과 함께 나타났으며, 남자들에게 술집에서 돌아다니는 대신 밤에 휴식을 취함으로써 또 다른 하루의 힘든 노동을 위해 기운을 회복시킬 것을 요구했다. 테일러주의와 포드주의가 미국 공장에 도입한 엄격한 노동 규율과 속도 향상은 새로운 위생, 새로운 성적 체제(sexual regime) 및 이에 따른 섹슈얼리티와 가정생활의 전환을 필요로 했다. 다른 말로 하면, 노동자는 공장 생활의 조직화를 유지할 수 있도록 술집에서의 우연한 만남이 제공하는 것보다 더 실질적인 섹슈얼리티를 임금을 갖고 구매해야 했다. 가정에 기반한 성 노동의 재편성을 통해 가정을 더욱 매력적으로 만드는 것은 또한 임금 상승의 시대에 필수적이었고, 그렇지 않으면 임금을 유흥에 소비할 수도 있었다.

이러한 변화는 정치적 고려에 의해서도 촉발되었다. 제1차 세계대전 이후 술집이 정치적 조직화와 토론은 물론 성매매의 중심지였기 때문에 남성을 집으로 끌어들이고 술집에서 떠나게 하려는 시도가 이뤄졌다.

가정주부에게 이런 조직 개편은 계속해서 아이를 낳아야 하면서도 엉덩이가 너무 커지지 않도록 걱정해야 한다는 것을 의미했다. 이것이 바로 다이어트의 고통이 시작된 방식이다. 가정주부는 계속 접시와 바닥을 닦으면서도 윤나는 손톱과 주름 장식 앞치마를 두르고 있어야 했고, 해 뜰 때부터 해 질 때까지 계속 노예처럼 일하면서도 남편의 귀가를 적절하게 맞이하기 위해 몸단장을 해야 했다. 이 시점에서는 침대에서 거절하는 게 더욱 어려워졌다. 실제로 심리학 서적과 여성 잡지에 실린 새로운 원칙들은 성적 결합이 원활한 결혼 생활에 매우 중요하다는 점을 강조하기 시작했다.

1950년대부터 성매매의 기능에도 변화가 나타났다. 세기가 진행됨에 따라 평균적인 미국 남성이 자신의 욕구를 충족하기 위해 성매매에 의존하는 일은 점점 줄어들었다. 그러나 무엇보다도 가족을 구한 것은 여성이 스스로 임금에 접근할 기회가 제한적이었다는 것이다. 그럼에도 (영국과 미국 모두) 전후(戰後)의 높은 이혼 건수에서 볼 수 있듯 미국 가족 내에서 모든 게 좋았던 것은 아니다. 여성과 가족에게 더 많은 걸 요구할수록 여성의 거부는 더 커졌다. 명백한 경제적 이유로 결혼을 거부한 것은 아직 아니지만, 오히려 **결혼 내에서 더 높은 이동성을 요구**했다. 즉, 더 나은 가사 노동 조건을 기대하며 남편에서 남편으로(고용주에서 고용주로) 이동할 수 있도록 요구했다. 이 시기에 부업(그리고 복지)을 위한 투쟁은 가족에게 저항하는 투쟁과 밀접하게 연결되었다. 왜냐하면 여성에게는 공장이나 사무실이 종종 무급 가사 노동에 대한, 가족 내 고립에 대한, 그리고 남편의 욕망에서 벗어날 유일한 대안을 의미했기 때문이다. 오랫동안 남성이 여성의 부업을 성매매의 대기실(antechamber)로 여겼던 것은 우연이 아니다. 복지 투쟁이 고조되기 전까지는 외부에서 일자리를 갖는 게 여성이 집 밖으로 나가서 사람들을 만나고, 참을 수 없는 결혼 생활에서 벗어날 유일한 방법인 경우가 많았다.

이미 1950년대 초에 킨제이 보고서(Kinsey Report)는 적절한 수준의 성 노동을 하는 데 대한 여성의 저항을 보여주면서 경종을 울렸다. 많은 미국 여성이 불감증이며, 성 노동에 참여하지 않은 채 단지 몸짓만 한다는 게 밝혀졌다. 또한 미국 남성의 절반이 동성애 관계를 가진 적 있거나 갖고 싶어 한다는 것도 밝혀졌다. 몇 년 후 미국 노동 계급의 결혼에 대한 조사에서도 유사한 결론이 나왔다. 여기서도 역시 기혼 여성 4분의 1이 순수한 부부의 의무로서만 사랑을 나누었고, 그중 극도로 많은 여성이 그로부터 아무런 즐거움도 얻지 못하는 것으로 나타났다.[16] 미국 자본이 이론과 실천이라는 무기를 갖고 섹슈얼리티에 대한 수많은 여성의 완고한 무관심을 무너뜨리기로 결심하면서, 성 문제의 전선에서 대규모 캠페인을 시작한 것이 바로 이 시점이었다. 이 캠페인의 주된 주제는 여성의 오르가슴에 대한 탐구였는데, 이는 점점 더 부부 결합에서 완벽함의 시험대로 받아들여지고 있었다. 1960년대에 여성 오르가슴은 심리학 연구에서 일련의 모티프가 되었으며, 여성 오르가슴이 단순히 존재하는 것이 아니라 다양한 형태로 존재한다는 마스터스(W. Masters)와 존슨(V. Johnson)의 획기적인 발견으로 정점을 이루었다.

마스터스와 존슨의 실험과 더불어 여성의 성 노동에 필요한 생산성은 매우 높은 할당량으로 고정되었다. 여성은 사랑을 나누고 오르가슴에 도달할 수 있을 뿐만 아니라, **그래야만 했다**. 만일 성공하지 못한다면, 우리는 진정한 여성이 아니고, 더 나쁜 것은 우리가 '해방'되지 않았다는 뜻이다. 이러한 메시지는 1960년대에 영화 스크린, 여성 잡지, 만족스러운 성행위를 위한 자세를 알려주는 '스스로 해보는' 핸드북을 통해 우리에게 전달되었다. 또한 '완전한' 성관계를 사회적이고 심리적인 균형의 조건으로 확립한 정신 분석가들이 이를 설파하기도 했다. 1970년대에는 '성 클리닉'과 '섹스 숍'이 등장하기 시작했고, 혼전·혼외 관계, '개방 결혼', 집단 성행위 등의 합법화, 자기 성애(autoeroticism) 수용 등 가정생활이 눈에 띄게 재구조화를 겪었다. 한편, 안전을 위한 기술 혁신은 최신 카마 수트라(Kama Sutra)도 업데이트할 수 없는 여성을 위해 진동기를 생산했다.

이것이 여성에게 무엇을 의미하는가

이를 불확실한 용어로 설명하지 말자. 우리의 어머니와 할머니 못지않게 오늘날의 여성에게도 성 해방은 성 노동의 강화라기보다 '성'으로부터의 해방만을 의미할 뿐이다.

'성으로부터의 해방'은 우리가 성생활을 강요당하는 조건, 즉 이 활동을 변명과 사고로 가득 찬 고된 노동으로 변질시키는 조건으로부터의 해방을 의미한다. 특히 최신 피임약을 복용하더라도 상당한 건강상의 위험을 감수한다는 점을 고려할 때 여성은 반복적으로 임신 위험에 처해 있다. 이러한 조건이 충족될 때까지는 어떠한 '진보'도 더 많은 노동과 불안을 수반한다. 의심할 여지 없이, 우리가 처녀가 아니거나 혹은 '불륜'이나 '잘못된 행실'이 들통나도 아버지, 형제, 남편에게 린치당하지 않는 것은 큰 이점이다. 그러나 헤어지려 한다는 이유로 파트너에게 살해되는 여성이 끊임없이 증가하고 있다. '성 해방'이 우리가 뒤떨어져 있다는 비난을 받고 싶지 않다면 반드시 받아들여야 하는 의무로 변질되면서, 우리에게 섹슈얼리티는 계속해서 불안의 원천이 되고 있다. 그래서 우리 할머니들은 편두통을 핑계로 힘든 일과를 마치고 편히 잠들 수 있었지만, 해방된 손녀인 우리는 성관계를 거부하거나 이에 적극적으로 참여하지 않거나 심지어 이를 즐기지 못할 때 죄책감을 느낀다.

오르가슴을 느끼는 것이 절대적 의무가 되어 "아무 일도 일어나지 않았다"고 인정하는 게 불편하고, 남성의 끈질긴 질문에 거짓말로 대답하거나 억지로 다른 노력을 하게 된다. 그 결과 침대가 종종 체육관처럼 느껴진다.

그러나 주요한 차이점은 우리의 어머니와 할머니가 성적 서비스를 교환의 논리로 바라보았다는 것이다. 그들은 결혼한 남자, 즉 확실한 재정적 안정을 약속하는 남자와 잠자리에 들었다. 하지만 오늘날 우리는 침실에서든 부엌에서든 무료로 일한다.

그 이유는 성 노동이 무급일 뿐만 아니라, 우리가 점점 더 대가를 바라지 않은 채로 성적 서비스를 제공하기 때문이다. 사실상 해방된 여성의 상징은 언제나 이용 가능하면서도 그 대가로 더 이상 아무것도 요구하지 않는 여성이다.

주

서문

1. 처음에는 "Revolution Begins at Home: Rethinking Marx, Reproduction and the Class Struggle," Marcello Musto ed., *Marx's Capital After 150 Years: Critiques and Alternatives to Capitalism* (New York: Routledge, 2019)에 실렸다.
2. Karl Marx, *Capital*, vol. 3 (London: Penguin, 1981 [1815]), 368.
3. 마르크스는 "노예제 등 이전 형태의 경우에서보다 사회적 관계와 새롭고 더 높은 조직을 위한 요소 창출에 더 유리한 방식과 조건으로 자본이 이 잉여 노동을 강탈하는 것은 자본의 문명화 측면 중 하나다"라고 썼다. Karl Marx, *Capital*, vol. 3 (London: Penguin, 1981 [1815]), 958.
4. V. I. Lenin, "Two Tactics of Social Democracy in the Democratic Revolution" (1905), in *Selected Works*, vol. 1 (New York: International Publishers, 1971), 486.
5. "마르크스는 자신의 개념적 접근 방식의 설득력에 대한 학문적 의심에 점점 더 시달렸고, 사방의 압박에도 불구하고 《자본론》 제2권과 제3권의 출판을 단념했다." Marcel van der Linden and Karl Heinz Roth, eds., *Beyond Marx. Theorizing the Global Labour Relations of the Twenty-First*

Century (Leiden, NL: Brill, 2014), 7.

6. Franklin Rosemont, "Karl Marx and the Iroquois," in *Arsenal: Surrealist Subversion* (Chicago: Black Swan Press, 1989), pp. 201-213 참조.
7. Karl Marx and Frederick Engels, *The Communist Manifesto* (Harmondsworth, UK: Penguin Books, 1967), 54 참조.
8. Sharzhad Mojab, *Marxism and Feminism* (London: Zed Books, 2015), 18.

1 부엌으로부터의 저항 계획

1. 이 논문 "Counterplanning from the Kitchen"은 원래 캐럴 로페이트가 〈해방(Liberation)〉에 게재한 글에 대한 응답으로 쓴 것이다. Carol Lopate, "Women and Pay for Housework", *Liberation* 18, no. 8 (May-Jund 1974), 8-11 참조. 잡지 편집자들이 우리의 답변을 거부한 후, 이 글과 다음 논문은 브리스톨에 있는 폴링 월 출판사에서 팸플릿으로 출판했다: Silvia Federici and Nicole Cox, *Counterplanning from the Kitchen: Wages for Housework: A Perspective on Capital and the Left*(Bristol: Falling Wall Press, 1975) 참조. 이 글은 Silvia Federici, *Revolution at Point Zero: Housework, Reproduction, and Feminist Struggle*, 개정판 (Oakland: PM Press, 2020)에 다시 실렸다.
2. Mariarosa Dalla Costa and Selma James, *The Power of Women and the Subversion of the Community* (Bristol: Falling Wall Press, 1975), 27-28. 이 글은 Mariarosa Dalla Costa, *Women and the Subversion of the Community: A Mariarosa Dalla Costa Reader*, ed. Camille Barbagallo (Oakland: PM Press, 2019)에 다시 실렸다.
3. Silvia Federici, *Wages against Housework* (Bristol: Falling Wall Press, 1975) 참조. Silvia Federici, *Revolution at Point Zero. Housework, Reproduction,*

and Feminist Struggle, 개정판 (Oakland: PM Press, 2020)에 다시 실렸다.
4. "우리의 비전은 모호할지도 모른다. 결국, 섹스 및 성적 역할과 관계의 완전한 재정비는 설명하기 쉽지 않다." Lopate, "Women and Pay for Housework", 11. 어떤 노동자도 그녀 혹은 그의 노동에 대한 임금을 받는 것이 아니라, 단지 임금의 (줄어드는) 일부만을 받는다. 그것이 임금 노동과 자본주의적 착취의 본질적인 특징이다.
5. "가사 노동에 대한 임금 지불 요구는 모든 계층에서 압도적인 대다수 여성이 여전히 집에 남아 있는 이탈리아에서 비롯된다. 미국에서는 전체 여성의 절반 이상이 일을 한다." ibid., 9.
6. 마리아로사 달라 코스타는 다음과 같이 썼다. "공동체는 본질적으로 여성의 장소로, 여성이 그곳에 나타나 자신의 노동을 직접적으로 쏟아붓는다는 의미에서다. 그러나 공장은 여성의 노동이 구현되는 장소임에도 불구하고 여성은 그곳에 나타나지 않으며, 거기서 노동하는 남성들에게 자신의 노동을 이전한다. 마찬가지로, 학교도 여성의 노동을 구현하지만 여성은 그곳에 나타나지 않으며 매일 아침 어머니가 먹이고 보살펴주고 옷을 다림질해주는 학생들에게 자신의 노동을 이전한다." Mariarosa Dalla Costa, "Community Factory and School from the Womans Viewpoint," L'Offensiva, Quaderni di Lotta Femminista, no. 1 (Torino: Musolini Editore, 1972), 67.
7. Lopate, "Women and Pay for Housework," 9.
8. Dalla Costa and James, The Power of Women and the Subversion of the Community, 28-29.
9. Dalla Costa, "Community School and Factory from the Woman's Viewpoint," 69; "Quartiere, scuola e fabbrica dal punto di vista della donna", in L'Offensiva, Quaderni di Lotta Femminista, no. 1, Musolini Editore, 1972, 23-33,
10. Karl Marx, Capital, vol. 1 (London: Penguin, 1981 [1867]), 5부 16장.

11. "여성이 평등을 향한 첫걸음인 자립과 자존감을 얻기 위해서는 임금 소득자가 되는 것이 필요할 수도 있다." Lopate, "Women and Pay for Housework," 9.
12. ibid., 11.
13. Mariarosa Dalla Costa, "Women and the Subversion of the Community," in Dalla Costa and James, *The Power of Women and the Subversion of the Community*, 41.
14. "우리 자신의 삶에서 그러한 재구조화를 위해 싸워왔던 우리 여성 대부분은 주기적인 절망에 빠졌다. 첫째, 깨야 할 오래된 습관─남성과 우리의 습관─이 있었다. 둘째, 시간이라는 실질적인 문제가 있었다. ……남자에게 파트타임 근무를 정하거나 육아에 동등하게 참여할 수 있도록 특별한 시간표를 요청하는 것이 얼마나 어려운지 물어봐라!" Lopate, "Women and Pay for Housework," 11.
15. ibid.
16. "꼭 기억해야 할 것은 우리가 섹스(SEX)라는 것이다. 그것이 우리의 공통점을 설명하기 위해 여태까지 개발된 유일한 단어다." ibid.
17. ibid.
18. ibid., 10.
19. "모든 거래가 교환 가치를 갖지 않는 자본주의적 삶의 광범위한 영역이 제거되면 자유롭고 소외되지 않은 노동의 가능성은 우리에게서 더욱 희미해질 것이다." ibid.
20. "나는 우리가 우리의 영혼을 살아 있게 지킬 수 있는 곳은 사적 세계라고 믿는다." ibid.
21. "Love and Potatoes," *New York Times*, November 25, 1974, 39 참조.
22. Marx, *Capital*, vol. 1, 572.
23. Selma James, *Sex, Race and Class* (Bristol: Falling Wall Press, 1975 〔1972〕)

참조.
24. Lopate, "Women and Pay for Housework," 11.
25. ibid.
26. ibid.
27. ibid.
28. ibid.
29. ibid., 10.
30. ibid.

2 자본과 좌파

1. 이 논문의 초기 버전은 "Capital and Gender," in *Reading "Capital" Today*, ed. Ingo Schmidt and Carlo Fanelli (London: Pluto Press, 2017) 참조.
2. Eli Zaretsky, "Socialist Politics and the Family," *Socialist Revolution* 3, no. 19 (January-March, 1974), 83-98.
3. Wally Seccombe, "The Housewife and Her Labour under Capitalism," *New Left Review* no. 83 (January-February 1974), 23.
4. ibid., 24.
5. "(만약) 남자가 공장의 사료가 될 수 있다면 왜 여자는 안 되겠는가? ······세계에서 우리의 자리를 차지하고 싶다면, 세계 역사에 영향을 미치고 싶다면, 우리는 안전한 우리 집의 틀에서 벗어나 공장으로 가서 ······ 그들이 공장을 접수하도록 도와야 한다!" *Workers Fight*, no. 79 (December 1974-January 1975).
6. Anatole Kopp, *Cittá e Rivoluzione* (Milano: Feltrinelli, 1972 [1967]), 147.
7. ibid., 160.
8. ibid., 267.

9. Antonio Gramsci, "Americanism and Fordism," in *Selections from the Prison Notebooks* (London: Lawrence & Wishart, 1971), 277-318.
10. Lise Vogel, "The Earthly Family," *Radical America* 7, nos. 4-5 (July-October 1973), 28.
11. Carol Lopate, "Women and Pay for Housework," *Liberation* 18, no. 9 (May-June 1974), 11.
12. Zaretsky, "Socialist Politics and the Family," 89.
13. Vogel, "The Earthly Family," 26.
14. Lopate, "Women and Pay for Housework," 10.
15. Zaretsky, "Socialist Politics and the Family," 89.
16. ibid., 83-84.

3 마르크스 《자본론》에서의 젠더와 재생산

1. 이 논문 "Gender and Reproduction in Marx's *Capital*"은 원래 "Capital and Gender"라는 제목으로, Ingo Schmidt and Carlo Fanelli, eds., *Reading 'Capital' Today* (London: Pluto Press, 2017)에 실렸다.
2. 마르크스의 젠더 이론에 관한 새로운 관심의 징후에는 다음의 출판물들이 포함된다. Heather A. Brown, *Marx on Gender and the Family* (London: Brill, 2012); Shahrzad Mojab, ed., *Marxism and Feminism* (London: Pluto Press, 2015). 후자는 그해 베를린에서 로자 룩셈부르크 재단(Rosa Luxembourg Foundation)이 주최한 학술대회와 관련해 출판되었다. 또한 Martha E. Gimenez, *Marx, Women and Capitalist Social Reproduction* (Chicago: Haymarket, 2018)도 참조.
3. 마르크스는 1844년 《경제학 철학 수고》에서 샤를 푸리에를 공명하며 남녀 관계가 사회적 진보의 척도라고 주장했다. 그것은 인간이 자신의 본성을 얼마

나 인간화했는지를 말해준다. 《독일 이데올로기》에서 그는 아버지가 여성과 아이들의 노동을 도용하는 데 기초한 "가족에 잠재한 노예 제도"에 대해 언급했다. 자크 푸셰(Jaques Peuchet)의 논문 〈자살에 관하여〉를 번역하면서, 그는 부르주아 도덕성이 여성의 삶에 미치는 파괴적인 결과를 보여주었다. 다시 《공산당 선언》에서 그는 부르주아 가족을 비웃으며, 이는 여성이 단지 사유재산의 전달에만 봉사하는 간통을 기반으로 만들어졌다고 주장했다.

4. Brown, *Marx on Gender and the Family*, 143. 또한 Frigga Haug, "The Marx within Feminism," in Mojab, *Marxism and Feminism*, 76-101도 참조. 프리가 하욱(Frigga Haug)은 "마르크스의 분석은 여성 문제에 대한 어떤 공허함과 침묵이라는 점에서 주목할 만하다"라고 썼다. ibid., 81.

5. Gimenez, *Marx, Women and Capitalist Social Reproduction*, 247.

6. Nancy Holmstrom, "A Marxist Theory of Women's Nature," *Ethics* 94, no. 3 (1984): 456-473.

7. 이곳의 인용문은 Selma James, *Sex, Race and Class* (Bristol: Falling Wall Press, 1975)를 참조.

8. 가사 노동에 대한 임금 운동의 고전적 저작에는 다음이 포함된다. Mariarosa Dalla Costa, "Women and the Subversion of the Community," in Mariarosa Dalla Costa and Selma James, *The Power of Women and the Subversion of the Community* (Bristol: Falling Wall Press, 1975); Selma James, *Sex, Race and Class*; Leopoldina Fortunati, *The Arcane of Reproduction: Housework, Prostitution, Labor and Capital* (Brooklyn: Autonomedia, 1995 [1981]). 뉴욕 지부 운동의 역사에 관해서는 Silvia Federici and Arlen Austin, eds., *The New York Wages for Housework Committe: History, Theory, Documents, 1972-1977* (Brooklyn: Autonomedia, 2019) 참조.

9. 여기서 언급하는 내용은 Harry Cleaver, *Reading Capital Politically* (Leeds: Anti/Thesis, 2000 [1979])에 관한 것이다.

10. 19세기 영국에서 벌어진 '여성 문제'로서 여성 산업 노동의 결과에 관한 논쟁은 Judy Lown, *Women and Industrialization: Gender at Work in Nineteenth-Century England* (Minneapolis: University of Minnesota Press, 1990), 1-4, 131, 213-218 참조. 프랑스의 동일 논쟁에 관해서는 Joan Wallach Scott, *Gender and the Politics of History* (New York: Columbia University Press, 1988), 139-166 참조.
11. Scott, *Gender and the Politics of History*, 140.
12. 영국의 여성과 아동 노동 개혁에 관해서는 Marx, *Capital*, vol. 1 (London: Penguin, 1981〔1867〕)과 Lown, *Women and Industrialization*, 180-184 참조.
13. Marx, *Capital*, vol. 1, 365.
14. ibid., 353.
15. ibid., 416.
16. 여성 공장 노동자의 투쟁에 대한 유일한 언급은 《자본론》 제1권의 주석에 나오는데, 여기서 마르크스는 윌트서(Wiltshire)에서 시간 관리 문제로 인해 전력 직기 직공들이 파업을 벌인 것을 언급한다. ibid., 551.
17. 19세기 영국 여성 공장 노동자의 투쟁에 대한 설명으로는 Margaret Hewitt, *Wives and Mothers in Victorian Industry: A Study of the Effects of the Employment of Married Women in Victorian Industry* (London: Rockliff, 1958) 참조. 1830년대에 제안된 공장법에 대한 여성 노동자들의 반대(Lown, *Women and Industrialization*, 214) 및 "일하는 여성의 경험에서 항상 중심적이었던 삶의 측면들 …… 육아, 개인위생과 복장에 대한 통제를 유지하기 위한"(ibid., 162) 비단 노동자들의 투쟁에 대한 주디 론의 설명 참조. 새롭게 발견된 여성의 독립과 자유를 대표하는 공장 소녀들에 관해서는 ibid., 43ff; Wally Seccombe, "The Housewife and Her Labour under Capitalism," *New Left Review*, no. 83 (January-February 1974), 121 참조.

18. 마르크스는 이렇게 썼다. "가족 내에서는 …… 성별과 나이의 차이로 인해, 따라서 순수한 생리학적 토대 아래 자연적으로 노동 분업이 생겨난다." Marx, *Capital*, vol. 1, 471.

19. ibid., 718. 마르크스는 자신의《잉여가치론》제1부에서 이 질문으로 돌아가는데, 여기서 그는 "생산 노동은 상품을 생산하거나 노동력 자체를 직접 생산, 훈련, 개발, 유지 또는 재생산하는 노동이 될 것이다"라고 주장한다. Karl Marx, *Theories of Surplus Value, Part 1* (Moscow: Progress Publishers, 1969 [1862-1863]), 172.

20. Marx, *Capital*, vol. 1, 274, 276, 340.

21. 프리가 하욱이 지적했듯 "마르크스와 엥겔스는 가사 노동을 주로 집에서 수행되는 임금 노동으로 개념화했으며, 20세기에 일반적으로 가사 노동으로 이해되었던 것을 '가족노동'으로 취급했다". Haug, "The Marx within Feminism," 91.

22. Marx, *Capital*, vol. 1, 275.

23. ibid., 518n38.

24. ibid., 518n39.

25. ibid., 718.

26. Silvia Federici, "The Reproduction of Labor Power in the Global Economy," in *Revolution at Point Zero: Housework, Reproduction, and Feminist Struggle*, rev ed. (Oakland: PM Press, 2020), 104.

27. 예를 들어 John Bellamy Foster, "Women, Nature and Capital in the Industrial Revolution," *Monthly Review* 69, no. 8 (January 2018), 2 참조.

28. Marx, *Capital*, vol. 1, 517-18n38.

29. 이 주제에 관해서는 Wallach Scott, *Gender and the Politics of History*, 94-95; Dolores Hayden, *The Grand Domestic Revolution* (Cambridge: MIT Press, 1982), 1-8 참조. 월러치 스콧은 "1830년대와 1840년대 저항 문

학은 가족 및 남성과 여성의 특성에 대한 언급으로 가득 차 있다. 임금 인상 요구나 부르주아의 탐욕을 공격하는 글을 읽든, 노동자 빈곤의 심각성을 떠올리게 하는 연사의 얘길 듣든, 미래의 새로운 사회를 위해 잔을 들고 건배하는 것을 듣든, 성적 차이에 대해 들을 수 있다. 샤를 푸리에와 생시몽주의자처럼 가족 조직의 변화된 형태에 대한 실험이든, 에티엔 카베(Etienne Cabet)처럼 전통적 부부와 자녀 행복의 질적 향상에 대한 약속이든, 당시 유토피아 사회주의자들의 강령에서 가족은 핵심적인 주제였다. 노동 조직과 협회는 이러한 노동 계급 저항의 시기에 단지 두 가지 주제에 불과했다. 가족은 이와 똑같이 중요했고 상호 연결된 제3의 존재였다"라고 썼다. Scott, *Gender and the Politics of History*, 94-95.

30. Charles Fourier, *Design for Utopia: Selected Writings of Charles Fourier* (New York: Shocken Books, 1971), 171-176.

31. Barbara Taylor, "'The Men Are as Bad as Their Masters······': Socialism, Feminism, and Sexual Antagonism in the London Tailoring Trade in the Early 1830s," *Feminist Studies* 5, no. 1 (1979), 10-12.

32. 마르크스는 그 과정을 설명하기 위해 "형식적" 대 "실질적" 포섭이라는 개념을 사용한다. 자본주의 축적의 첫 번째 단계에서 자본은 "노동 과정의 실질적 성격을 전혀 수정하지 않고" "있는 그대로" 노동을 전유한다. *Capital*, vol. 1, 1021. 대조적으로 자본이 노동/생산 과정을 자신의 목적을 위해 직접 형성할 때 우리는 "실질적 포섭"을 경험한다. 그런 전환이 일어난 것은 1870년대와 제1차 세계대전 사이 수십 년 동안 "가족 임금"이 도입되고 프롤레타리아 가족이 재건되면서였다. 그러나 해리 클리버가 이 기사에 관해 논평하는 편지에서 지적했듯이, 우리는 변화를 과대평가해서는 안 된다. 그는 다음과 같이 지적했다. "노동력 이외의 상품을 생산하는 노동에서와 마찬가지로, 역사는 여러 양식이 공존하는 가운데 결정적인 혼합적 진화를 보여준다. 예를 들어, 자본가들이 '가정경제학'를 가르치는 데 적극적으로 참여하기까지는 오

랜 시간이 걸렸지만, 엥겔스가 《영국 노동자 계급의 상태(The Condition of the Working Class in England)》(1845)와 이후 《주거 문제(The Housing Question)》(1872)에서 기술했듯 노동자들의 주거를 조직하는 데는 아주 적극적으로 참여했다."

33. 이 주제에 관해서는 Fortunati, *The Arcane of Reproduction* 참조. 또한 Silvia Federici, *Caliban and the Witch* (Brooklyn: Autonomedia, 2004), 특히 2장을 참조.
34. 여기서 내 언급은 Cleaver, *Reading Marx Politicalically*, 58 참조.
35. 이것이 네그리가 짐 플레밍(Jim Fleming)이 편집하고 해리 클리버가 번역한 Antonio Negri, *Marx Beyond Marx: Lessons on the Grundrisse* (Brooklyn: Autonomedia, 1991), 182에서 주장한 내용이다.
36. 그중에서도 월리 세컴이 기록한 것처럼, 노동조합 가운데서도 노동자의 임금 인상 요구는 종종 그들의 아내가 본연의 역할로 돌아갈 수 있다는 주장과 맞서기도 했다. Wally Seccombe, *Weathering the Storm: Working-Class Families from the Industrial Revolution to the Fertility Decline* (London: Verso, 1993), 114-119.
37. '소외된 노동'에 관해서는 Karl Marx, *Economic and Philosophical Manuscripts of 1844*, trans. Martin Milligan (Moscow: Foreign Languages Publishing House, 1961) 참조.
38. 산업 노동을 더 합리적이고 (넓은 의미에서) 더 교육적인 유형의 노동으로 보는 마르크스의 견해는 《경제학 원리》(1890)에서 한계 이론의 아버지 앨프리드 마셜이 나중에 "일반적 노동 능력"이라고 불렀던 것을 떠올리게 한다. 그는 이를 당시 세계에서 소수의 노동자만이 소유하고 있고 "어떤 직업에도 특유하지 않지만" 모든 사람이 원하며 "노동자들이 어떤 종류의 일이든 한 번에 여러 가지를 염두에 둔 채로 …… 수행된 작업의 세부적인 변화에 빠르게 적응해 꾸준히 그리고 신뢰할 수 있는 가운데 오랫동안 계속할 수 있게

해주는" 새로운 능력으로 묘사했다. 그러나 마셜은 19세기 개혁가들의 견해대로 이 "일반적 능력"을 생산하는 주요 공헌자는 "가족생활과 특히 어머니"라고 주장했고, 이런 이유로 여성의 외부 고용에 반대했다. 대조적으로 마르크스는 육아 노동에 대해 침묵하며 이의 부재만을 관찰했고, 더 넓게는 재생산 노동이 노동자 저항의 기반이 될 잠재력에 대해서도 침묵했다. Alfred Marshall, *Principles of Economics: An Introductory Volume* (London: Macmillan and Co., 1938), 206-207.

39. 산업 노동에서 협력을 촉진하고 노동 생산성을 높이며, 그럼으로써 상품 생산에 필요한 시간을 단축하고 평준화하는 역할에 관해서는 Marx, *Capital*, vol. 1, 517, 526, 545 참조.

40. ibid., 739.

41. 그러나 기젤라 보크와 바르바라 두덴은 마르크스와 다른 사회주의자들이 동의했던, 자본주의 발전이 "여성의 산업 노동 증가와 함께 여성을 가사 노동과 남성에 의한 보호라는 오래된 봉건적 지배로부터 해방했으며 해방한다"는 인식에는 어떤 역사적 근거도 없다고 주장했다. Gisela Bock and Barbara Duden, "Labor of Love—Love as Labor: On the Genesis of Housework in Capitalism," in Edith Hoshino Altback, ed., *From Feminism to Liberation* (Cambridge: Schenkman Publishing, 1980), 157. 또한 여성이 체력에 대한 필요성 감소로 인해 산업 노동으로 끌려갔다는 것도 아주 의문스럽다. 광산의 여성과 아동 고용에 대해 마르크스 자신이 우리에게 제시한 설명은 공장 시스템에서와 마찬가지로 그 가정을 폐기해야 한다.

42. Marx, *Capital*, vol. 1, 620-621.

43. ibid., 899.

44. 이 책의 6장 〈19세기 영국 가사 노동의 구성과 임금의 가부장제〉 참조.

45. Dalla Costa, "Women and the Subversion of the Community," 31.

46. James, *Sex, Race and Class*.

47. Fortunati, *The Arcane of Reproduction*, 125.
48. Federici, *Caliban and the Witch*, 92-102.
49. Ariel Salleh, *Ecofeminism as Politics: Nature, Marx and the Postmodern* (London: Zed Books, 1997), 72-76.
50. August Bebel, *Woman under Socialism* (New York: Schocken Books, 1971 [1183]), 287-288.
51. 이 주제에 관해서는 카를 마르크스의 《민속학 노트(Ethnological Notebooks)》의 토론을 참조. Brown, *Marx on Gender and the Family*, 6장과 7장.

4 마르크스, 페미니즘 그리고 커먼즈의 구성

1. 이 논문 "Marx, Feminism, and the Construction of the Commons"는 원래 Shannon Brincat, ed., *Communism in the 21st Century, Volume 1, The Father of Communism: Rediscovering Marx's Ideas* (Oxford: Praeger, 2014) 에 실렸다. 이후에는 Silvia Federici, *Re-enchanting the World: Feminism and the Politics of the Commons* (Oakland: PM Press, 2019)에 다시 실렸다.
2. Karl Marx and Frederick Engels, *The German Ideology,* part 1 (New York: International Publishers, 1988 [1932]), 56-57.
3. Heidi Hartmann, "The Unhappy Marriage of Marxism and Feminism: Towards a More Progressive Union," in *Capital and Class* 3, no. 2 (Summer 1979), 1-33.
4. 이러한 주장은 마르크스가 생애 마지막 몇 년간 이 주제에 관한 주요 저작을 준비하기 위해 수집한 《민속학 노트》 관련 독서에 근거한다. 여기서 그의 논평들은 루이스 모건의 《고대 사회》가 "특히 이로쿼이족에 대한 상세한 설명으로 인해 처음으로 마르크스에게 역사상 실제로 존재했던 자유 사회의 구

체적인 가능성"과 자본주의 관계의 발전에 의존하지 않는 혁명적 경로의 가능성에 대한 통찰력을 제공했다는 것을 보여준다. 로즈먼트는 마르크스가 러시아 혁명가들과의 서신 교환에서 러시아 농민 코뮌의 해체가 아니라 러시아의 혁명적 과정이 이를 기반으로 한 공동 소유 형태로의 직접 이동 가능성을 고려했을 때 모건을 염두에 두고 있었다고 주장한다. Franklin Rosemont, "Karl Marx and the Iroquois," in *Arsenal: Surrealist Subversion* (Chicago: Black Swan Press, 1989), 201-213 참조. 또한 Kevin B. Anderson, "Marx's Late Writings on Non-Western and Precapitalist Societies and Gender," *Rethinking Marxism*, 14, no. 4 (Winter 2002), 84-96; T. Shanin, *Late Marx and the Russian Road: Marx and the "Peripheries" of Capitalism* (New York: Monthly Review Press, 1983), 29-31 참조.

5. 예를 들어, 안토니오 네그리는 《정치경제학 비판 요강》을 마르크스 사상의 정점으로 보아야 하며, 《자본론》의 중요성은 과대평가되었다고 주장했다. 왜냐하면 마르크스가 공산주의에 대한 그의 주요 개념과 가장 급진적인 정의를 발전시킨 곳이 바로 《정치경제학 비판 요강》이기 때문이다. Antonio Negri, *Marx beyond Marx: Lessons on the Grundrisse*, ed. Jim Fleming, trans. Harry Cleaver (New York: Autonomedia, 1991), 5-4, 8-9, 11-18 참조. 대조적으로, 조지 카펜치스는 《자본론》이 자본주의에 대해 더 통합적인 개념을 가지고 있으며, 마르크스가 이 후기 저작에서 자본주의가 생산의 자동화를 통해 가치 법칙을 넘어설 수 있다는 테제 같은 《정치경제학 비판 요강》의 주요 테제 중 일부를 폐기했다고 주장한다. George Caffentzis, "From the Grundrisse to Capital and Beyond: Then and Now," *Workplace: A Journal for Academic Labor* no. 15 (September 2008), 59-74 참조.

6. Ariel Salleh, *Ecofeminism as Politics: Nature, Marx and the Postmodern* (London: Zed Books, 1997), 71; Bertell Oilman, *Dialectical Investigations* (New York: Routledge, 1993).

7. Stevi Jackson, "Why a Materialist Feminism is (Still) Possible," *Women's Studies International Forum* 24, nos. 3-4 (2001), 284.
8. Negri, *Marx beyond Marx*.
9. 프란츠 파농은《대지의 저주받은 자들》에서 이렇게 썼다. "이것이 우리가 식민지 문제를 다룰 때마다 마르크스주의 분석을 항상 약간 확장해야 하는 이유다. 마르크스가 아주 잘 설명했던 사회의 본질을 포함한 모든 것을 여기서 다시 생각해봐야 한다." Frantz Fanon, *The Wretched of the Earth* (New York: Grove, 1986 [1961]), 40.
10. Roderick Thurton, "Marxism in the Caribbean," in *Two Lectures by Roderick Thurton: A Second Memorial Pamphlet* (New York: George Caffentzis and Silvia Federici, 2000).
11. 이 주제에 관해서는 W. E. B. Du Bois, "Marxism and the Negro Problem," *The Crisis* (May 1933), 103, 104, 108 참조. 또한 Cedric Robinson, *Black Marxism: The Making of the Black Radical Tradition* (Chapel Hill: North Carolina University Press, 1983)도 참조.
12. 조엘 코벨은 마르크스가 "능동적 인간에 의해 극복되는 수동적 본성"을 가정하고 "생산력의 전면적 발전"을 장려하며 여전히 과학적이고 생산주의적인 관점의 포로로 남아 있다고 주장한다. Joel Kovel, "On Marx and Ecology," *Capitalism, Nature, Socialism* 22, no. 1 (September 2011), 13, 15. 하지만 이 주제에 관해서는 내가 간략하게만 언급할 수 있는 광범위한 논쟁이 존재한다. 예를 들어, John Bellamy Foster, "Marx and the Environment," *Monthly Review* 47, no. 2 (July 1995), 108-123; John Bellamy Foster and Brett Clark, *The Robbery of Nature* (New York: Monthly Review Press, 2020) 참조.
13. Roman Rosdolsky, *The Making of Marx's "Capital"* (London: Pluto Press, 1977); Negri, *Marx beyond Marx*.

14. Mariarosa Dalla Costa, "Women and the Subversion of the Community," in *The Power of Women and the Subversion of the Community*, ed. Selma James and Mariarosa Dalla Costa (Bristol: Falling Wall Press, 1975); Selma James, *Sex, Race and Class* (Bristol: Falling Wall Press, 1975); Leopoldina Fortunati, *The Arcane of Reproduction: Housework, Prostitution, Labor and Capital* (Brooklyn: Autonomedia, 1995).
15. Maria Mies, *Patriarchy and Accumulation on a World Scale* (London: Zed Books, 1986); Ariel Salleh, *Ecofeminism as Politics* (London: Zed Books, 1997).
16. 마르크스가 쓴 것처럼 "노동력의 가치는 모든 다른 상품의 경우에서처럼 생산에 필요한 노동 시간에 의해, 그리고 결과적으로는 또한 이 특수한 품목의 재생산에 필요한 노동 시간에 의해 결정된다. 노동력이 가치를 갖는 한 그것은 그 안에 객관화된 평균적인 사회적 노동의 일정한 양에 지나지 않는다. 노동력은 살아 있는 개인의 능력으로서만 존재한다. 결과적으로 그것의 생산은 그의 존재를 전제로 한다. 개인의 존재를 고려할 때, 노동력의 생산은 그 자신의 재생산이나 유지로 이루어진다". Karl Marx, *Capital*, vol. 1 (London: Penguin, 1990), 274.
17. Karl Marx, *A Contribution to the Critique of Political Economy*, ed. Maurice Dobb (New York: International Publishers, 1989 [1859]), 197.
18. Marx and Engels, *The German Ideology*, 51.
19. ibid., 52.
20. 마르크스는 공장에 기계가 도입되면서 "가족 구성원 모두가 노동 시장으로 내몰리고" 남성(노동자)을 여성으로 대체하는 일이 늘어나는 것에 대해 논평하면서 다음과 같이 썼다. "아이 양육과 수유 같은 특정한 가족 기능은 완전히 억제할 수 없으므로 자본에 의해 징발된 어머니들은 어떤 식으로든 대체재를 시도해야 한다. 파종과 수선 같은 가내 노동은 기성품 구매로 대체되어

야 한다. 그러므로 집안에서 노동에 대한 지출이 줄어들면 바깥에서 지출하는 돈은 늘어난다. 따라서 노동 계급 가족의 생산 비용은 증가한다." Marx, *Capital*, vol. 1, 518n39.

이 구절을 언급하면서 레오폴디나 포르투나티는 "마르크스는 자본이 가사 노동을 파괴했을 때에만 그것을 볼 수 있었고, 더 일찍 가사 노동의 강탈로 인한 문제점을 깨달은 정부 보고서를 읽고서야 그것을 볼 수 있었다"고 지적했다. Leopoldina Fortunati, *The Arcane of Reproduction*, 169.

21. 예를 들어, 마르크스는 "노동자의 자연적 증가는 자본 축적의 요구를 충족하지 못한다"고 썼다. Marx, *Capital*, vol. 1, 794.
22. Hartman, "The Unhappy Marriage," 1.
23. Silvia Federici, *Revolution at Point Zero: Housework, Reproduction, and Feminist Struggle*, rev. ed. (Oakland: PM Press, 2020), 38.
24. Federici, "The Reproduction of Labor Power in the New Global Economy," in *Revolution at Point Zero*, 104.
25. 여기서 페데리치는 Marx, *Capital*, vol. 1, 5편 16장을 언급한다.
26. ibid., 348, 591, 630. 인용된 마지막 두 쪽에서는 공장 고용이 여성과 아동의 건강 및 여성의 재생산 노동에 미치는 영향을 논의한다. 마르크스는 이렇게 말한다. "노동 계급 운동의 날마다 더 위협적인 진전은 차치하더라도, 공장 노동의 제한은 구아노(guano)로 영국 들판에 거름을 강제하는 것과 동일한 필요성에 의해 결정되었다. 어떤 경우에는 토양을 고갈시켰던 것과 똑같은 맹목적인 이익 추구가 다른 경우에는 국가의 생명력을 그 뿌리에서부터 장악했다."
27. 1870년까지 영국에서 새로운 결혼법과 (보편적 초등 교육에 대한 권리를 도입한) 교육법이 제정된 것은 우연이 아니며, 둘 다 노동력 재생산에 대한 새로운 수준의 투자를 의미한다. 같은 시기에 가족 임금 인상과 더불어 영국에서 최초의 동네 음식점 출현에 따른 사람들의 식습관과 음식 유통 방법에 변

화가 생겼다. 또한 같은 시기에 재봉틀이 프롤레타리아 가정에 도입되기 시작했다. Eric Hobsbawm, *Industry and Empire: The Making of Modern English Society, 1750 to the Present Day* (New York: Random House, 1968), 135-136, 141 참조.

28. Dolores Hayden, *The Grand Domestic Revolution: A History of Feminist Designs for American Homes, Neighborhoods and Cities* (Cambridge, MA: MIT Press, 1982).

29. ibid., 6.

30. August Bebel, *Women under Socialism* (New York: Schocken Books, 1971 [1883]).

31. "사회적 필요 노동 시간은 특정 사회의 정상적인 생산 조건 아래서 그 사회에 널리 퍼져 있는 평균 정도의 기술 수준과 노동 강도를 가지고 사용 가치를 생산하는 데 필요한 노동 시간이다." Marx, *Capital*, vol. 1, 129.

32. 레오폴디나 포르투나티가 보여주었듯이, 가사 노동의 임금 노동자 편입은 그들에 대한 더 심한 착취를 허용한다. 그녀는 이게 바로 가사 노동이 산업 노동과 다른 점이며, 가사 노동의 독특한 생산성을 설명한다고 주장한다. 왜냐하면 아내, 어머니, 딸이 제공하는 것은 노동이 아니라 사랑의 표현이라는 착각이 노동자에게 집을 일터가 아닌 공장으로부터의 탈출구로 대하게끔 함으로써 체력뿐만 아니라 존엄성도 회복할 수 있는 곳으로, 따라서 진정 효과가 있는 곳으로 대하게끔 만들기 때문이다. Leopoldina Fortunati, *The Arcane of Reproduction*.

33. Marx and Engels, *The German Ideology*, 56.

34. Marx, *Capita*l, vol. 1, 618.

35. ibid., 775.

36. Marx and Engels, *The German Ideology*, 55ff; Karl Marx and Frederick Engels, *The Communist Manifesto* (Harmondsworth, UK: Penguin Books,

1967〔1848〕).
37. André Gorz, *A Farewell to the Working Class* (London: Pluto, 1982). 또한 André Gorz, *Paths to Paradise: On the Liberation from Work* (London: Pluto, 1985)도 참조. 이 주제에 관해서는 또한 Edward Granter, *Critical Social Theory and the the End of Work* (Burlington, VT: Ashgate, 2009)도 참조. 그랜터는 자유 시간이 부의 척도인 사회에 대한 고르의 구상이 마르크스주의적 구상임을 지적한다. 실제로 고르는 《정치경제학 비판 요강》을 인용함으로써 마르크스를 명시적으로 언급한다. Granter, *Critical Social Theory*, 121.
38. Negri, *Marx beyond Marx*.
39. Otto Ulrich, "Technology," in *The Development Dictionary: A Guide to Knowledge as Power,* ed. Wolfgang Sachs (London: Zed Books, 1993), 281.
40. Salleh, *Ecofeminism as Politics,* 70.
41. 마르크스는 이렇게 썼다. "자본주의 농업의 모든 진보는 노동자를 강탈할 뿐 아니라 토양을 강탈하는 방식으로의 진보다. 일정 시간 동안 토양의 비옥도를 높이는 모든 진보는 더 오래 지속되는 비옥도의 원천을 망치는 방향으로의 진보다. 미국의 경우처럼, 국가가 대규모 산업을 발전의 배경으로 삼을수록 이런 파괴 과정은 더 빨라진다. 따라서 자본주의 생산은 모든 부의 원천─토양과 노동자─을 동시에 훼손함으로써 기술과 사회적 생산 과정의 결합 정도를 발전시킬 뿐이다." Marx, *Capital*, vol. 1, 638.
42. Saral Sarkar, *Eco-Socialism or Eco-Capitalism? A Critical Analysis of Humanity's Fundamental Choices* (London: Zed Books, 1999), 126-127.
43. 예를 들어, 전 세계에 축적된 핵폐기물 더미의 폐해 영향을 모니터링하고 중화하는 데 필요한 작업을 생각해보라.
44. Silvia Federici, "War, Globalization and Reproduction," in *Revolution*

at Point Zero, 86-94; Silvia Federici, "Women, Land Struggles, and the Reconstruction of the Commons, Working USA 14, no. 1 (March 2011); Silvia Federici, "Witch-Hunting, Globalization, and Feminist Solidarity in Africa Today," Journal of International Women's Studies 10, no. 1, (October 2008) 참조. Silvia Federici, Witches, Witch-Hunting, and Women (Oakland: PM Press, 2018)에서 재출판.
45. Ulrich, "Technology," 227.
46. Karl Marx, Capital, vol. 3 (London: Penguin, 1991 [1885]), 948-949.
47. Nancy Folbre, "Nursebots to the Rescue? Immigration, Automation, and Care," Globalizations 3, no. 3 (September 2006), 356.
48. 이 주제에 관해서는 Silvia Federici, "Feminism and the Politics of the Commons in an Era of Primitive Accumulation," in Revolution at Point Zero, 156-166 참조.
49. 여기서 대표적인 예는 '거대한 가내 혁명(The Grand Domestic Revolution)' 으로, 돌로레스 헤이든의 저작에서 영감을 얻어 네덜란드 위트레흐트의 페미니스트 예술가·디자이너와 활동가들에 의해 시작된 연구 프로젝트로 현재 진행 중이다. 이 연구 프로젝트는 가내 영역은 물론 이웃과 도시가 어떻게 변화할 수 있는지, 그리고 "공동으로 생활하고 일하는 새로운 형태"를 어떻게 구축할 수 있는지 탐색한다.
50. Salleh, Ecofeminism as Politics, 79; Federici, "Feminism and the Politics of the Commons," 5138-5148.
51. 유엔인구기금(United Nations Population Fund)에 따르면, 2001년에 "약 2억 명의 도시 거주자"가 식량을 재배해 "약 10억 명에게 식량 공급의 적어도 일부를 제공"했다. United Nations Population Fund, State of the World Population 2001 (New York: United Nations, 2001). 2011년 월드워치 연구 보고서(Worldwatch Institute Report)는 다음과 같이 언급함으로써 자급 농업의

중요성을 확인했다. "현재 전 세계적으로 약 8억 명이 도시 농업에 종사하며, 15~20퍼센트를 생산한다." Worldwatch Institute, "State of the World 2011: Innovations That Nourish the Planet" (press release), June 16, 2011, accessed April 2, 2021, http://www.environmentandsociety.org/mml/state-world-2011-innovations-nourish-planet.

52. Marx, *Capital*, vol. 3, 754-755.
53. Clifford D. Conner, *A People's History of Science: Miners, Midwives, and "Low Mechanicks"* (New York: Nation Books, 2005).
54. Jack Weatherford, *How the Indians of the Americas Transformed the World* (New York: Fawcett Columbine, 1988).
55. Hal Draper, *The Adventures of the Communist Manifesto* (Berkeley: Center for Socialist History 1998), 단락 28 참조.
56. Silvia Federici, *Caliban and the Witch: Women, Body and Primitive Accumulation* (New York: Autonomedia, 2004).
57. Marx, *Capital*, vol. 1, 930n2.
58. ibid., 927.
59. ibid., 454.
60. 이 주제에 관해서는 Marx, *Capital*, vol. 1, 563-568 참조. 마르크스는 '기계와 대공업' 5절 '노동자와 기계 사이의 투쟁'에서 이렇게 썼다. "노동 수단이 노동자를 쓰러뜨린다." 자본가들은 노동에 대한 의존에서 벗어나기 위해 기계를 사용할 뿐 아니라, 기계는 "파업을 진압하는 가장 강력한 방법이다. ……노동 계급 반란에 대항하는 무기를 자본에 제공하려는 유일한 목적으로 1830년 이후 이루어진 발명의 전체 역사를 기록하는 게 가능할 것이다". ibid., 562-563.
61. Raquel Guitierrez Aguilar, *Los Ritmos del Pachdkuti: Levantamiento y Movilizacion En Bolivia (2000-2005)* (Miguel Hidalgo, MX: Sisifo

Ediciones, 2009).

62. Massimo de Angelis, *The Beginning of History: Value Struggles and Global Capital* (London: Pluto Press, 2007).

63. Maria Mies and Vandana Shiva, *Ecofeminism* (London: Zed Books, 1986); The Ecologist, *Whose Common Future: Reclaiming the Commons* (Philadelphia: Earthscan, 1993).

64. John Holloway, *Change the World without Taking Power: The Meaning of Revolution Today* (London: Pluto Press, 2002), 14, 95.

65. John Holloway, *Crack Capitalism* (London: Pluto Press, 2010), 29.

66. Audre Lorde, "The Master's Tools Will Never Dismantle the Master's House," in *This Bridge Called My Back: Writings by Radical Women of Color*, eds. Cherrle Moraga and Gloria Anzaldua (New York: Kitchen Table, 1983), 98-101.

67. Marx and Engels, *The German Ideology*, 95.

5 혁명은 집에서 시작된다

1. 이 논문 "Revolution Begins at Home: Rethinking Marx, Reproduction, and the Class Struggle"은 원래 Marcello Musto, ed., *Marx's Capital After 150 Years: Critiques and Alternatives to Capitalism* (New York: Routledge, 2019)에 실렸다.

2. Luciano Ferrari Bravo, "Vecchie e nuove questioni nella teoria dell'imperialismo," introduction to Luciano Ferrari Bravo, ed., *Jmperialismo e classe operaia multinazionale* (Milano: Feltrinelli, 1975), 20-21 참조.

3. Karl Marx, *Grundrisse: Foundations of the Critique of Political Economy* (London: Pelican Books, 1973), 690-710.

4. 이 견해의 지지자로는 Michael Hardt and Antonio Negri, *Multitude: War and Democracy in the Age of Empire* (Minneapolis: University of Minnesota Press, 2004); Carlo Vercellone, "From Formal Subsumption to General Intellect: Elements for a Marxist Reading of the Thesis of Cognitive Capitalism," *Historical Materialism* 15, no. 1 (2007): 13-36 참조. '인지자본주의' 개념에 대한 비판은 George Caffentzis, *In Letters of Blood and Fire: Work, Machines, and the Crisis of Capitalism* (Oakland: PM Press, 2013), 95-123 참조.
5. Wally Seccombe, *Weathering the Storm: Working-Class Families from the Industrial Revolution to the Fertility Decline* (London: Verso, 1993) 참조.
6. Karl Marx and Frederick Engels, *The Communist Manifesto* (Harmondsworth, UK: Penguin Books, 1967 [1848]), 88.
7. Ahirich Meyer, "A Theory of Defeat: Marx and the Evidence of the Nineteenth Century," in Marcel van der Linden and Karl Heinz Roth, eds., *Beyond Marx: Theorising the Global Labor Relations of the Twentieth-First Century* (Leiden, NL: Brill, 2014), 274-276.
8. Marx, *Capital*, vol. 1, 711-724.
9. 여기서 주목할 만한 것은 프랜시스 플레이스(Francis Place)의 조직 활동으로, 그는 1822년까지 노동자들이 맬서스적 운명에서 벗어나 출산율을 조절하기 위해 피임 기술을 사용하는 걸 옹호했다. 스스로가 15명의 자녀를 두었던 노동자 플레이스는 이 문제에 관한 자신의 아이디어를 광고하는 캠페인을 벌이며 결혼한 부부에게 보내는 전단지를 돌리고, 나중에 차티스트 운동의 창시자가 된 이후에도 이를 계속 주장했다. 노동자들 가운데서, 특히 북부 지역에서 매우 인기 있던 플레이스는 출산 조절 운동의 아버지 중 한 명으로 여겨진다. 이 사안에 관해서는 Norman Edwin Himes, *Medical History of Contraception* (New York: Schocken Books, 1970 [1936]) 참조.

10. Marx, *Capital*, vol. 1, 718.
11. Marx, *Capital*, vol. 1, 784-785. 마르크스의 '잉여 인구' 이론에 대한 비판은 Max Henninger, "Poverty Labor, Development: Towards a Critique of Marx's Conceptualizations," in Van der Linden and Roth, *Beyond Marx*, 301-302 참조. 그는 다음과 같이 썼다. "《자본론》 제2권의 재생산 계획과 매우 흡사하게, 마르크스의 상대적 잉여 인구 이론은 자율적인 하층 계급 행동의 가능성을 지워버리고 자본 가치 증식의 논리 외에는 다른 어떤 논리도 인정하지 않는다."
12. 가치 창출의 핵심으로서 노동에 대한 자본주의적 개념과 여성의 재생산 능력에 대한 규제 사이의 관계에 대해서는 Silvia Federici, *Caliban and the Witch: Women, Body and Primitive Accumulation* (New York: Autonomedia, 2004)의 3장, 특히 유럽의 마녀사냥에 대한 논의 참조.
13. 영국에서는 1803년 법으로 임신 중단을 법정 범죄로 규정했으며 여성이 아이를 조산한 것으로 입증되면 채찍질, 추방, 심지어 사형까지 선고했다. 이 법령은 1828년에 재제정되었다. 그 후 1861년 인신범죄법(Offences Against Persons Act)에 따라 임신 중단을 시도하는 사람이 유죄일 경우 종신 징역형을 선고받도록 규정했다. 마르크스 시대 유럽의 모든 나라에서 출산을 방해하는 것은 중죄였고, 수년 간의 징역형을 선고받았다.
14. 출산 및 출산율에 대한 국가 통제와 이주 정책의 관계에 대한 강력한 분석을 위해서는 Mariarosa Dalla Costa's "Reproduction and Emigration" (1974), Mariarosa Dalla Costa, *Women and the Subversion of the Community: A Mariasosa Dalla Costa Reader* (Oakland: PM Press, 2019), 70-108 참조. 마리아로사 달라 코스타의 논제를 확장하면, 여성이 많은 자녀를 낳는 부담을 거부하는 것이 글로벌 노동 시장의 형성과 자금이 넉넉한 우파의 '생명 옹호(pro-life)' 운동이 전 지구적으로 성장한 원인이라고 우리는 확실히 말할 수 있다. 미국에서 이들의 위협적 활동은 그 나라의 주요 법률 기관, 즉

대법원에 의해 옹호되었다.
15. Sheila Rowbotham, *Women, Resistance, and Revolution* (New York: Vintage Books, 1974), 63.
16. Karl Marx, *The 18th Brumaire of Louis Bonaparte* (New York: International Publishers, 1963 [1852]), 75.
17. Ivy Pinchbeck, *Women Workers and the industrial Revolution: 1750-1850* (New York: F.S. Crofts & Co., 1930), 311-313. 예를 들어, 1847년 10시간법을 둘러싼 의회 논쟁 중에 애슐리 경(Lord Ashley)이 개입한 것을 참조. 그는 "여성은 노동을 수행할 뿐 아니라, 남성의 장소를 점령한다. 그들은 다양한 클럽과 협회를 만들고 있으며, 남성의 고유한 부분으로 여겨지는 특권을 점차 획득하고 있다"고 불평했다. Judy Lown, *Women and Industrialization: Gender at Work in Nineteenth-Century England* (Minneapolis: University of Minnesota Press, 1990), 44-45, 181.
18. John Bellamy Foster, "Women, Nature and Capital in the Industrial Revolution," *Monthly Review* 69, no. 8 (January 2018): 11.
19. Marx, *Capital*, vol. 1, 517−518n38-39.
20. 그 증거로 존 벨라미 포스터는 엘리너 마르크스(Eleanor Marx)의 글을 인용해 여성과 노동자 권리의 '몰수'에 대해 이야기한다. John Bellamy Foster, "Women, Nature and Capital in the Industrial Revolution," 12-13 참조.
21. 마르크스는 "생산 노동은 따라서 상품을 생산하거나 노동력 자체를 직접 생산, 훈련, 발전, 유지 또는 재생산하는 노동이 될 것이다"라고 썼다. Karl Marx, *Theories of Surplus Value, Part 1* (Moscow: Progress Publishers, 1969), 172.
22. Federico Tomasello, *L'Inizio del lavoro. Teoria politica e questions sociale nella Francia di prima metá Ottocento* (Roma: Carrocci Editore, 2018), especially 96-98, 105-106.

23. 토마셀로는 산업 노동자의 모습이 중앙 집중화하고 "가족의 노동과 기술 및 범죄 시스템에 대한 비판" 같은 초기 반자본주의 투쟁에 결정적이던 일련의 문제가 사회주의/노동 계급 운동 강령으로부터 소멸한 것과 관련해 생시몽주의자들의 중요한 역할을 강조한다. ibid., 132n38.
24. 19세기 초 영국에서 벌어진 사회적 저항과 집단행동에서 여성의 역할에 관해서는 Sheila Rowbotham, *Women, Resistance and Revolution*, 102-104 참조.
25. 이 주제에 관해서는 Ahlrich Meyer, "A Theory of Defeat: Marx and the Evidence of the Nineteenth Century," Van der Linden and Roth, *Beyond Marx*, 258-279 참조.
26. ibid., 260-261.
27. ibid., 260.
28. ibid.
29. ibid., 261-262.
30. ibid., 264.
31. 마르크스는 이렇게 썼다. "이전에 노동자는 자기의 노동력을 팔았고, 공식적으로 말하면 자유로운 행위자로서 이를 처분했다. 이제 그는 아내와 아이를 판다. 그는 노예상이 되었다. 아동 노동 수요에 관한 공고는 이전에 미국 저널의 광고들에서 읽었던 흑인 노예에 대한 문의와 그 형태가 종종 유사하다." Marx, *Capital*, vol. 1, 519.
32. 《영국 법들에 대한 논평》에서 영국 부르주아 법률 및 사법 관행을 체계화한 윌리엄 블랙스톤(William Blackstone)에 따르면, "결혼을 통해 여성의 존재 자체나 법적 존재 자체는 일시 중지되거나 적어도 남편의 존재 속으로 통합 또는 합체된다. 그녀는 남편의 날개, 보호 및 덮개 아래서 모든 것을 수행하며, 따라서 우리 법에서는 '암컷 여성(femme covert)'으로 불린다". Lee Holocombe, *Wives and Property: Reform of the Married Women's*

Property Law in Nineteenth-Century England (Toronto: University of Toronto Press, 1983), 25-26 참조.

33. 아내 매매에 관해서는 E. P. Thompson, *Customs in Common: Studies in Traditional Popular Culture* (New York: New Press, 1991) 참조. 이런 관행에 대한 문서를 수집한 톰슨에 따르면, 성적 서비스나 가사 서비스를 위한 아내 매매 및 교환은 경우에 따라 대부분의 장소에서 대부분의 시간에 일어났고, 영국의 대부분 지역에서 무엇보다 광부, 제빵사, 굴뚝 청소부, 철물 노동자, 벽돌공, 벽돌 제조공, 의복 노동자, 석공 같은 노동자 및 다른 많은 하층 계급 직업 사이에서 그러했다. Thompson, *Customs in Common*, 408-409, 413-414. 법으로 용인된 그 관습은 너무나 확고해서 20세기의 1분기에도 기록되었다. 어떤 경우에는 구빈원이 남편에게 아내를 부양하지 않도록 아내 매매를 강요하기도 했다. 그것은 하층 계급 사이에서 결혼을 끝내는 가장 빠른 방식이었다. 관례에 따라 남편은 아내의 목, 팔, 허리에 고삐를 달고 세워놓은 후 공개적으로 최고 입찰자에게 그녀를 팔았다.

34. Lown, *Women and Industrialization*, 107.

35. ibid., 213.

36. Seccombe, *Weathering the Storm*, 111-124.

37. Marx, *Capital*, vol. 1, 519n40.

38. 이 주제에 관해서는 William A. Pelz, "'Capital and the First International,'" Ingo Schmidt and Carlo Fanelli, eds., *Reading "Capital" Today* (London: Pluto Press, 2017), 36-37 참조.

39. Christine Faure, *Political and Historical Encyclopedia of Women* (New York: Routledge, 2003), 345-346 참조.

40. 제1인터내셔널의 대부분 분과가 주로 이민자인 독일 회원들이 소속된 생산 과정 분과로 나뉜 반면, 12분과는 (종종 '양키 국제주의자'라고 불린) 미국 태생의 급진주의자에 의해 지배되었다. 두 분과가 논쟁을 벌이기 시작하

자, 마르크스 자신은 '노동 문제에 대한 여성 문제의 우위'를 주장한 분파를 추방할 것을 권고했다. Nancy Folbre, "Socialism, Feminist and Scientific," Marianne A. Ferber and Julie A. Nelson, eds., *Beyond Economic Man: Feminist Theory and Economics* (Chicago: University of Chicago Press, 2009), 103n 참조. 마르크스에 호응해 분파의 한 회원은 다음과 같이 추방을 옹호했다. "여성 참정권과 자유로운 사랑에 관해 이야기하는 이 난센스는 미래에 고려해볼 수도 있지만, 노동자로서 우리의 관심을 끄는 문제는 노동과 임금에 관한 것이다." Amanda Frisken, *Victoria Woodhull's Sexual Revolution: Political Theater and. Popular Press in Nineteenth-Century America* (Philadelphia: University of Pennsylvania Press, 2004), 44 참조.
41. 그녀는 이렇게 썼다. "나는 이러한 어려움이 닥쳤을 때 여성들이 이렇게 대답하는 것을 들었다. '우리가 여성을 [배척]하도록 강요받고 있다고 해서 남성을 배척할 수는 없다. 왜냐하면 우리는 그들의 지원에 의존하기 때문이다.'" Frisken, *Victoria Woodhull's Sexual Revolution*, 39에서 인용.
42. ibid., 44 참조.
43. Marx, *Capital*, vol. 1, 620.
44. Fauré, *Political and Historical Encyclopedia of Women*, 346.
45. 이런 맥락에서 흥미로운 것은 마르크스의 저작에서 여성의 투쟁과 관련한 소수의 언급 중 하나가 '가족 임금'에 대한 남편의 요구를 지지하기 위한 아내의 동원에 관한 것이라는 점이다. 헤더 브라운(Heather A. Brown)이 보고하듯 1853년에 쓴 한 기사에서 마르크스는 아무런 논평도 없이 "모든 남성이 공정한 임금을 받아야 '그가 자신과 가족을 편안하게 부양할 수 있다'는 조직가들의 주장을 인용하면서, 남성이 '가족 임금'을 받을 수 있도록 하기 위한 여성의 노력"에 대해 기술했다. Heather A. Brown, *Marx on Gender and the Family: A Critical Study*, Historical Materialism 39 (London: Brill, 2012), 103.

46. Marx, *Capital*, vol. 1, 620-621.
47. Federici, *Caliban and the Witch*, 특히 3장.
48. 여기서 언급한 것은 '소외된 노동'에 대한 마르크스의 논의, 즉 자본주의에서 노동은 노동자에게 소외된 활동이기 때문이라는 점과 관련이 있다. "그러므로 노동자는 자신의 노동 밖에서만 자신을 느낄 뿐이며, 밖에서 자신을 느끼며 노동하고 있을 때 그는 집에 없다. 그는 노동하지 않을 때 집에 있다. 그러므로 그의 노동은 자발적 노동이 아니라 강제적 노동이다." Karl Marx, *Economic and Philosophical Manuscripts of 1844*, trans. Martin Milligan (Moscow: Foreign Languages Publishing House 1961), 72. 이 논평은 재생산 활동에 대한 평가 절하의 또 다른 사례로 페미니스트들로부터 종종 비판받았다.
49. Seccombe, *Weathering the Storm*, 164-166, 특히 165.
50. Rowbotham, *Women, Resistance, and Revolution*, 80.
51. 이 역사에 관해서는 Kate Weigand, *Red Feminism: American Communism and the Making of Women's Liberation* (Baltimore: Johns Hopkins University Press, 2001) 참조.
52. Marx, *Capital*, vol. 1, 690-710.
53. Naomi Klein, *This Changes Everything: Capitalism vs. the Climate* (New York: Simon and Schuster, 2014) 참조.

6 19세기 영국 가사 노동의 구성과 임금의 가부장제

1. 이 논문 "The Construction of Domestic Work in Nineteenth-Century England and the Patriarchy of the Wage"는 원래 "Origins: The Construction of the Full-Time Housewife and Housework in 19th and 20th Century England" (Brooklyn: Idle Women, 2016)라는 제목이었다.

2. Wally Seccombe, *Weathering the Storm: Working Class Families from the Industrial Revolution to the Fertility Decline* (London: Verso, 1993), 114.
3. ibid., 114.
4. ibid., 80.
5. Maria Mies, *Patriarchy and Accumulation on a World Scale* (London: Zed Books, 1985), 105. 또한 Leopoldina Fortunati, *The Arcane of Reproduction: Housework, Prostitution, Labor and Capital* (Brooklyn: Autonomedia, 1995), 171도 참조.
6. "영국의 한 공장 위원은 이렇게 불평했다. '그들은 종종 남자들처럼 맥주 가게에 들어가 술을 시키고 파이프 담배를 피운다.'" 또 다른 동시대 관찰자에 따르면, 임금 수입은 여성들에게 "가족 관계를 약화하는 조숙한 독립 정신을 키우며 가정의 미덕 향상에 매우 비우호적이다". Seccombe, *Weathering the Storm*, 121.
7. Margaret Hewitt, *Wives and Mothers in Victorian Industry: A Study of the Effects of the Employment of Married Women in Victorian Industry* (London: Rockliff, 1958).
8. ibid., 70. 또한 Seccombe, *Weathering the Storm*, 119-120도 참조.
9. Marx, *Capital*, vol. 1, 517-518n38.
10. Judy Lown, *Women and Industrialization: Gender at Work in Nineteenth-Century England* (Minneapolis: University of Minnesota Press, 1990), 181.
11. Fortunati, *The Arcane of Reproduction*; 170; Seccombe, *Weathering the Storm*, 77 참조.
12. Seccombe, *Weathering the Storm*, 73.
13. ibid., 75, 77.
14. Hewitt, *Wives and Mothers in Victorian Industry*, 152. 고드프리 강심제 사용에 관해서는 10장 '유아용 예방약' 참조. "비정상적 식단으로 끊임없이 고

통받았을 유아들의 괴로운 울음을 달래기 위해 간호사들은 진(gin)과 페퍼민트 및 고드프리 강심제, 앳킨슨 로열 유아용 예방약(Atkinson Royal Infants' Preservative), 윌킨슨 부인 진정 시럽(Mrs. Wilkinson Soothing Syrup) 같은 여타의 다른 만능약을 투여하던 습관이 있었다. 그리하여 유아들에게 빵과 물을 먹인 다음 더 많은 강심제를 [주는] 악순환이 형성되었고, 이것이 하루 종일 계속 이어졌다. ……이런 진정 시럽들의 성분은 약국마다 다양했지만, 몇몇 마약—아편, 아편 팅크(laudanum), 모르핀—이 모든 시럽의 성분이었다." Hewitt, ibid., 141. 그는 이렇게 덧붙인다. "공장 지역에서 이러한 아편제의 판매는 엄청났다. 코번트리에서는 고드프리를 매주 1만 2000회 투여했고 노팅엄에서는 비율적으로 그 수치가 더 높았다." ibid., 142.

15. 여성의 일일 농업 노동 고용으로 인한 '갱단 시스템'과 낮은 수준의 가정의 편안함에 관해서는 Ivy Pinchbeck, *Women Workers and the Industrial Revolution:1750-1850* (New York: F.S. Crofts & Co., 1930), 86-87, 106-107 참조.

16. ibid., 11장, 240ff, 특히 244-245, 247-248, 249.

17. '제2차 산업 혁명'에 관해서는 Seccombe, *Weathering the Storm*, 4장; Eric Hobsbawm, *Industry and Empire: The Making of Modern English Society, 1759 to the Present Day* (New York: Pantheon Books, 1968), 6장 참조.

18. E. J. Hobsbawm, *Industry and Empire*, 101ff.

19. Alfred Marshall, *Principles of Economics: An Introductory Volume* (London: Macmillan and Co., 1938), 193.

20. ibid., 195.

21. ibid., 195-196.

22. 마셜은 이렇게 말했다. "일반적 능력은 대부분 어린 시절과 청소년 시절의 환경에 달려 있다. 이 부분에서 첫 번째이자 가장 강력한 영향은 어머니의 것이다." ibid., 207. 이런 이유로, 마셜은 여성이 임금을 위해 노동하는 것에 반대

했다. 그는 유아 사망률이 "특히 화폐 임금을 벌기 위해 가족 의무를 소홀히 하는 어머니가 많은 곳에서 일반적으로 더 높다"고 언급했다. ibid., 198.
23. ibid., 206-207.
24. 이 주제에 관해서는 누구보다도 Mariarosa Dalla Costa, *Family Welfare and the State between Progressivism and the New Deal* (New York: Common Notions, 2015 [1997]); Nancy Folbre, "The Unproductive Housewife: Her Evolution in Nineteenth-Century Economic Thought," *Signs* 16, no. 3 (Spring 1991), 463-484 참조.
25. Hobsbawm, *Industry and Empire*, 133. "1870년대 초까지 노동조합주의는 공식적으로 인정받았다." ibid., 128.
26. ibid., 79.
27. ibid., 166.
28. ibid., 131.
29. ibid., 136.
30. William Acton, *Prostitution, edited and with an introduction by Peter Fryer* (New York: Frederick A. Praeger Publishers, 1969 [1857]), 210-211.
31. ibid., 232n1.
32. ibid., 54-55.
33. Hewitt, *Wives and Mothers in Victorian Industry*, 191.
34. ibid.
35. Seccombe, *Weathering the Storm*, 146-154.
36. 여기서 언급한 것은 '소외된 노동'에 대한 마르크스의 논의, 즉 자본주의에서 노동은 노동자에게 소외된 활동이기 때문이라는 점과 관련이 있다. "그러므로 노동자는 자신의 노동 밖에서만 자신을 느낄 뿐이며, 밖에서 자신을 느끼며 노동하고 있을 때 그는 집에 없다. 그는 노동하지 않을 때 집에 있다. 그러므로 그의 노동은 자발적 노동이 아니라 강제적 노동이다." Karl Marx,

Economic and Philosophical Manuscripts of 1844, trans. Martin Milligan (Moscow: Foreign Languages Publishing House 1961), 72.

7 미국과 영국 성 노동의 기원과 발전

1. 이 논문 "Origins and Development of Sexual Work in the United States and Britain"은 원래 Silvia Federici, *Beyond the Periphery of the Skin: Rethinking, Remaking, Reclaiming the Body in Contemporary Capitalism* (Oakland: PM Press, 2020)에 실렸다.
2. 예를 들어, 미국에서는 19세기 내내 여성의 동의 나이가 약 10세였다는 점이 중요하다.
3. 여성의 저임금과 빈민가에서의 문란한 남녀 결합이 산업화 과정의 첫 단계에 영국에서 일어난 성매매 '급증'의 주요 원인이라는 점은 일반적으로 인정된다. 윌리엄 액튼은 성매매에 관한 유명한 저작에서 이렇게 썼다. "많은 여성이 …… 그들의 위치로 인해 특히 유혹에 노출되어 성매매의 대열을 늘린다. 이러한 언급이 적용되는 여성들은 주로 여배우, 모자 장수, 점원, 가정부, 공장에 고용되거나 농업 갱단(agricultural gangs)에서 일하는 여성들이다. ……다양한 직업의 노동하는 여성들에게 지불하는 임금이 낮은 것이 성매매의 비옥한 원천이라는 건 부끄러운 사실이지만, 그럼에도 진실이다." William Acton, *Prostitution, edited and with an introduction by Peter Fryer* (New York: Frederick A. Praeger Publishers, 1969 [1857]), 129-130. 오랫동안 부르주아 가정에서 여성의 문란하거나 "부도덕한" 행동이 계급 박탈의 한 형태로 처벌된 것은 놀랍지 않다. "그런 여성들 가운데 한 명처럼 행동하는 것"은 프롤레타리아 여성처럼, 즉 "하위 계급"의 여성처럼 행동한다는 것을 의미했다.
4. ibid., 54-55.
5. ibid., 527.

6. 그러나 이것은 쉬운 일이 아니었다. 액튼은 의미심장하게 이렇게 한탄했다. "성매매 여성은 일반적으로 예상하듯이 마구 죽지 않는다. ······반대로 그들은 대부분 경우에 더럽혀진 몸과 오염된 정신을 가지고 조만간 아내와 어머니가 되며, 반면 일부 계급 사람들 가운데서는 도덕적 감정이 너무 타락해 자기의 몸값으로 사는 여성이 사회적 교류에서 거의 동등한 조건으로 받아들여진다. 그러므로 우리가 이 여성들을 버림받은 사람이자 천민이라고 부르더라도, 그들이 공동체의 모든 계급에 강력한 악의적 영향을 미치는 것은 명확하다. 성매매가 사회에 가하는 도덕적 손상은 헤아릴 수 없으며 신체적 손상 또한 적어도 그만큼 크다." ibid., 84-85.
7. 이것이 페미니스트 친구의 할머니가 자신의 삶을 묘사한 방식이다.
8. William O'Neill, *Divorce in the Progressive Era* (New Haven, CT: Yale University Press, 1967), 1.
9. ibid., 86.
10. Nancy F. Cott, ed., *Roots of Bitterness: Documents of the Social History of American Women* (New York: E.P. Dutton, 1972), 286에서 인용.
11. ibid., 274.
12. ibid., 286.
13. O'Neil, *Divorce in the Progressive Era*, 104.
14. Sigmund Freud, "Civilized Sexual Morality and Modern Nervousness" (1908), in Sigmund Freud, *Sexuality and the Psychology of Love* (New York: Colliers Books, 1972), 11.
15. ibid., 25.
16. Mirra Komarovsky, *Blue-Collar Marriage* (New York: Vintage Books, 1967), 83.

참고문헌

Acton, William. *Prostitution*. Edited with an introduction by Peter Fryer. New York: Frederick A. Praeger Publishers, 1969 [1857].

Anderson, Kevin B. "Marx's Late Writings on Non-Western and Societies and Gender." *Rethinking Marxism* 14, no. 4 (Winter 2002): 84-96.

Bebel, August. *Woman under Socialism*. New York: Schocken Books, 1971 [1883].

Bellamy Foster, John. "Marx and the Environment." *Monthly Review* 47, no. 3 (July-August 1995): 108-23.

____. "Marx and the Rift in the Universal Metabolism of Nature." *Monthly Review* 65, no. 7 (December 2013): 1-19.

____. "Women, Nature and Capital in the Industrial Revolution." *Monthly Review* 69, no. 8 (January 2018): 1-25.

Bellamy Foster, John, and Brett Clark. *The Robbery of Nature: Capitalism and the Ecological Rift*. New York: Monthly Review Press, 2020.

Blackstone, William. *Commentaries on the Law of England*. Oxford: Clarendon Press, 1765-1770.

Bock, Gisela, and Barbara Duden. "Labor of Love—Love as Labor: On the

Genesis of Housework in Capitalism." In Edith Hoshino Altback, ed. *From Feminism to Liberation.* Rev. ed. Cambridge, MA: Schenkman Publishing Company, 1980, 153-92.

Bonefeld, Werner, Richard Gunn, John Holloway, and Kosmas Psychopedis. "Introduction: Emancipating Marx." In Bonefeld, Gunn, Holloway, and Psychopedis, *Emancipating Marx*, 1-6.

Bonefeld, Werner, Richard Gunn, John Holloway, and Kosmas Psychopedis, eds. *Emancipating Marx: Open Marxism 3*. London: Pluto Press 1995.

Boutang, Yann Moulier. *De l'esclavage au salariat: Économie historique du salariat bride*. Paris: Presses Universitaires de France, 1998.

Bridenthal, Renate, Claudia Koonz, and Susan Stuard, eds. *Becoming Visible: Women in European History*. 2nd ed. Boston: Houghton Mifflin Co., 1987.

Brown, Heather A. *Marx on Gender and the Family: A Critical Study*. Historical Materialism 39. London: Brill, 2012.

Caffentzis, George. "A Critique of 'Cognitive Capitalism.'" In George Caffentzis. *In Letters of Blood and Fire: Work, Machines, and the Crisis of Capitalism*. Oakland: PM Press, 2013, 95-123.

____. "From the Grundrisse to Capital and Beyond: Then and Now." *Workplace: A Journal for Academic Labor* no. 15 (September 2008): 59-74.

Chevalier, Louis. *Classes laborieuses et classes dangereuses à Paris au XIX siècle*. Paris: Plon, 1958.

Cleaver, Harry. Introduction to Antonio Negri, *Marx beyond Marx*, xix-xxvii.

____. *Reading Capital Politically*. Leeds: Anti/Theses, 2000.

Cockburn, Cynthia. "The Standpoint Theory." In Mojab, *Marxism and*

Feminism, 331-46.

Conner, Clifford. D. *A People's History of Science: Miners, Midwives, and Low Mechanicks*. New York: Nation Books, 2005.

Custer, Peter. *Capital Accumulation and Women's Labor in Asian Economies*. New York: Monthly Review Press, 2012 [1995].

Dalla Costa, Mariarosa. "Capitalism and Reproduction." In Bonefeld, Gunn, Holloway, and Psychopedis. *Emancipating Marx*. 1995, 7-16.

____. "Community, Factory and School from the Woman's Viewpoint." *L'Offensiva, Quaderni di Lotta Femminista* no. 1. Torino: Musolini Editore, 1972.

____. *Family Welfare and the State Between Progressivism and the New Deal*. New York: Common Notions, 2015 [1997].

____. "Reproduction and Emigration" (1974). In Dalla Costa, *Women and the Subversion of the Community*, 69-108.

____. "Women and the Subversion of the Community" (1975). In *Women and the Subversion of the Community*, 18-49.

____. *Women and the Subversion of the Community: A Mariarosa Dalla Costa Reader*. Oakland: PM Press, 2019.

De Angelis, Massimo. *The Beginning of History: Value Struggles and Global Capital*. London: Pluto Press, 2007.

Draper, Hal. *The Adventures of the Communist Manifesto*. Berkeley: Center for Socialist History, 1998.

Du Bois, W. E. B. "Marxism and the Negro Problem." *Crisis* (May 1933).

Eckerseley, Robyn. "Socialism and Eco-centrism: Towards a New Synthesis." In Ted Benton, ed. *The Greening of Marxism*. New York: Guildford Press, 1996, 272-97.

The Ecologist. *Whose Common Future? Reclaiming the Commons*. Philadelphia: Earthscan, 1993.

Engels, Frederick. *The Condition of the Working Class in England*. Moscow: Progress Publishers, 1980 [1845].

____. *The Housing Question*. Moscow: Progress Publishers, 1979 [1872].

Fanon, Frantz. *The Wretched of the Earth*. New York: Grove, 1986 [1961].

Fauré, Christine. *Political and Historical Encyclopedia of Women*. New York: Routledge, 2003.

Federici, Silvia. *Beyond the Periphery of the Skin: Rethinking, Remaking, and Reclaiming the Body in Contemporary Capitalism*. Oakland: PM Press, 2019.

____. *Caliban and the Witch: Women, the Body and Primitive Accumulation*. Brooklyn: Autonomedia, 2004.

____. "Capital and Gender." In Ingo Schmidt and Carlo Fanelli, eds. *Reading Capital Today*. London: Pluto Press, 2017, 79-96.

____. *El Patriarcado del salario. Critica feminista al marxismo*. Madrid: Traficantes de Sueños, 2018.

____. "Feminism and the Politics of the Commons in an Era of Primitive Accumulation." In *Revolution at Point Zero*, 138-48.

____. "Origins and Development of Sexual Work in the United States and Britain" (1978). In *Beyond the Periphery of the Skin*, 2020, 89-106.

____. *Re-enchanting the World: Feminism and the Politics of the Commons*. Oakland: PM Press, 2019.

____. *Revolution at Point Zero: Housework, Reproduction, and Feminist Struggle*. Rev. ed. Oakland: PM Press, 2020.

____. "War, Globalization and Reproduction." In *Revolution at Point Zero*,

76-84.

____. "Witch-Hunting, Globalization, and Feminist Solidarity in Africa Today." *Journal of International Women's Studies* 10, no. 1 (October 2008): 21-35.

____. "Women, Land Struggle and the Reconstruction of the Commons!" *Working USA* 14, no. 1 (March 2011): 41-56.

Federici, Silvia, and Arlen Austin eds. *The New York Wages for Housework Committee: History, Theory, Documents, 1972-1977.* Brooklyn: Autonomedia, 2019.

Ferber, Marianne A., and Julie N. Nelson, eds. *Beyond Economic Man: Feminist Theory and Economics.* Chicago: University of Chicago Press, 1993.

Ferrari Bravo, Luciano. "Vecchie e nuove questioni nella teoria dell'imperialismo." Introduction to Luciano Ferrari Bravo, ed. *Imperialismo e classe operaia multinazionale.* Milano: Feltrinelli, 1975, 7-67.

Folbre, Nancy. "Nursebots to the Rescue? Immigration, Automation, and Care," *Globalizations* 3, no. 3 (September 2006): 349-60.

____. "Socialism, Feminist and Scientific." In Marianne A. Ferber and Julie A. Nelson, eds. *Beyond Economic Man.*

____. "The Unproductive Housewife: Her Evolution in Nineteenth-Century Economic Thought." *Signs* 16, no. 3 (Spring 1991): 463-84.

Fortunati, Leopoldina. *The Arcane of Reproduction: Housework, Prostitution, Labor and Capital.* Brooklyn: Autonomedia, 1995 [1981].

Foster, John. *Class Struggle and the Industrial Revolution: Early Industrial Capitalism in Three English Towns.* London: Methuen & Co., 1974.

Fourier, Charles. *Design for Utopia: Selected Writings of Charles Fourier.*

New York: Schocken Books, 1971.

_____. *The Utopian Vision of Charles Fourier: Selected Texts on Work, Love, and Passionate Attraction*. Edited and translated by Jonathan Beecher and Richard Bienvenu. Boston: Beacon, 1971.

Frank, Andre Gunder. *Capitalism and Underdevelopment in Latin America*. New York: Monthly Review Press, 1969 [1967].

Frisken, Amanda. *Victoria Woodhull's Sexual Revolution: Political Theater and Popular Press in Nineteenth-Century America*. Philadelphia: University of Pennsylvania Press, 2004.

Giménez, Martha E. "Capitalism and the Oppression of Women: Marx Revisited." *Science and Society* 69, no. 1 (January 2005): 11-32.

_____. *Marx, Women, and Capitalist Social Reproduction: Marxist Feminist Essays*. Chicago: Haymarket Books, 2018.

Gorz, André. *A Farewell to the Working Class*. London: Pluto Press, 1982.

_____. *Paths to Paradise: On the Liberation from Work*. London: Pluto Press, 1985.

Graeber, David. *Fragments of an Anarchist Anthropology*. Chicago: Prickly Paradigm Press, 1993.

Gramsci, Antonio. "Americanism and Fordism." In *Selections from the Prison Notebooks*. London: Lawrence & Wishart, 1971, 277-318.

Granter, Edward. *Critical Social Theory and the End of Work*. Burlington, VT: Ashgate, 2009.

Guitierrez Aguilar, Raquel. *Los Ritmos del Pachakuti. Levantamiento y Movilizacion En Bolivia (2000-2005)*. Miguel Hidalgo, MX: Sisifo Ediciones, 2009.

Harding, Sandra, and Merrill B. Hintikka, eds. *Discovering Reality: Feminist*

Perspectives on Epistemology, Metaphysics, Methodology, and Philosophy of Science. Dordrecht, NL: D. Reidel Publishing Company, 1983.

Hardt, Michael, and Antonio Negri. *Commonwealth*. Cambridge, MA: Harvard University Press, 2009.

____. *Empire*. Cambridge, MA: Harvard University Press, 2000.

____. *Multitude: War and Democracy in the Age of Empire*. Minneapolis: University of Minnesota Press, 2004.

Hartmann, Heidi. "The Unhappy Marriage of Marxism and Feminism: Towards a More Progressive Union." *Capital and Class* 3, no. 2 (Summer 1979): 1-33.

Hartsock, Nancy. "The Feminist Standpoint: Developing the Ground for a Specifically Feminist Historical Materialism." In Sandra Harding and Merrill B. Hintikka, *Discovering Reality*, 283-310.

____. "Feminist Theory and Revolutionary Strategy." In Zillah R. Eisenstein, ed. *Capitalist Patriarchy*. New York: Monthly Review Press, 1979, 56-77.

Haug, Frigga. "The Marx within Feminism." In Mojab, *Marxism and Feminism*, 76-101.

Hayden, Dolores. *The Grand Domestic Revolution: A History of Feminist Designs for American Homes, Neighborhoods, and Cities*. Cambridge, MA: MIT Press 1985.

Henninger, Max. "Poverty, Labor, Development: Towards a Critique of Marx's Conceptualizations." In Van der Linden and Roth, *Beyond Marx*, 281-304.

Hewitt, Margaret. *Wives and Mothers in Victorian Industry: A Study of the Effects of the Employment of Married Women in Victorian Industry*. London: Rockliff, 1958.

Himes, Norman Edwin. *Medical History of Contraception*. New York: Schocken Books, 1970 (1936).

Hobsbawm, Eric. *Industry and Empire: The Making of Modern English Society, 1759 to the Present Day*. New York: Pantheon Books, 1968.

Holloway, John. *Change the World without Taking Power: The Meaning of Revolution Today*. London: Pluto Press, 2002.

____. *Crack Capitalism*. London: Pluto Press, 2010.

____. "From Scream of Refusal to Scream of Power: The Centrality of Work." In Bonefeld, Gunn, Holloway, and Psychopedis, *Emancipating Marx*, 155-81.

Holmstrom, Nancy. "A Marxist Theory of Women's Nature." In Holmstrom, *The Socialist Feminist Project*, 360-76.

____, ed. *The Socialist Feminist Project: A Contemporary Reader in Theory and Politics*. New York: Monthly Review Press, 2002.

Holocombe, Lee. *Wives and Property: Reform of the Married Women's Property Law in Nineteenth-Century England*. Toronto: University of Toronto Press, 1983.

Inman, Mary. *In Woman's Defense*. Los Angeles: Committee to Organize the Advancement of Women, 1940.

Jackson, Stevi. "Why a Materialist Feminism Is (Still) Possible." *Women's Studies International Forum* 24, nos. 3-4 (2001): 283-93.

James, Selma. *Sex, Race and Class*. Bristol: Falling Wall Press, 1975.

Kingsnorth, Paul. *One No, Many Yeses: A Journey to the Heart of the Global Resistance Movement*. London: Free Press, 2003.

Klein, Naomi. *This Changes Everything: Capitalism vs. Climate*. New York: Simon and Schuster, 2014.

Kopp, Anatole. *Cittá e Rivoluzione. Architettura e Urbanistica Sovietiche degli anni Venti.* Edited by E.Battisti. Milano: Feltrinelli, 1972 [1967].

Kovel, Joel. *The Enemy of Nature: The End of Capitalism or the End of the World?* 2nd ed. London: Zed Books, 2007.

_____. "On Marx and Ecology." *Capitalism, Nature, Socialism* 22, no. 1 (September 2011): 4-17.

Lenin, V. I. "Two Tactics of Social Democracy in the Democratic Revolution" (1905). In *Selected Works.* Vol. 1. New York: International Publishers, 1971.

Levine Frader, Laura. "Women in the Industrial Capitalist Economy." In Bridenthal, Koonz, and Stuard, *Becoming Visible, Women in European History*, 309-31.

Lopate, Carol. "Women and Pay for Housework." *Liberation* 18, no. 9 (May-June 1974): 8-11.

Lorde, Audre. "The Master's Tools Will Never Dismantle the Master's House." In Moraga and Anzaldua, *This Bridge Called My Back: Writings by Radical Women of Color*, 98-101.

Lown, Judy. *Women and Industrialization: Gender at Work in Nineteenth-Century England.* Minneapolis: University of Minnesota Press, 1990.

Marshall, Alfred. *Principles of Economics: An Introductory Volume.* London: Macmillan and Co., 1938 [1890].

Marx, Karl. "Address of the International Working Men's Association to Abraham Lincoln, President of the United States: Presented to US Ambassador Charles Francis Adams, on January 28, 1985." 2021년 4월 1일 접속. https://www.marxists.org/archive/marx/iwma/documents/1864/lincoln-letter.htm.

_____. *Capital*. Vol. 1. London: Penguin, 1981 [1867].

_____. *Capital*. Vol. 3. London: Penguin, 1981 [1885].

_____. *A Contribution to the Critique of Political Economy*. Edited by Maurice Dobb. New York: International Publishers, 1970 [1859].

_____. *Early Writings*. Edited and translated by T. B. Bottomore. New York: McGraw-Hill Book Company, 1963.

_____. *Economic and Philosophical Manuscripts of 1844*. Translated by Martin Milligan. Moscow: Foreign Languages Publishing House, 1961.

_____. *The 18th Brumaire of Louis Bonaparte*. New York: International Publishers, 1963 [1852].

_____. *Grundrisse: Foundations of the Critique of Political Economy*. London: Pelican Books, 1973.

_____. *Theories of Surplus Value, Part 1*. Moscow: Progress Publishers, 1969 [1862-1863].

Marx, Karl, and Frederick Engels. *The Communist Manifesto*. Harmondsworth, UK: Penguin Books, 1967 [1848].

_____. *The First Indian War of Independence, 1857-1859*. Moscow: Progress Publishers, 1959 [1911].

_____. *The German Ideology*, part 1. New York: International Publishers, 1988 [1932].

Marx-Aveling, Eleanor, and Edward Aveling. *The Woman Question*. Edited by Joachim Muller and Edith Schotte. Leipzig: Verlag fur die Frau, 1986 [1886].

Meillassoux, Claude. *Maidens, Meal and Money: Capitalism and the Domestic Community*. Cambridge: Cambridge University Press, 1975, xi.

Meyer, Ahlrich. "A Theory of Defeat. Marx and the Evidence of the Nineteenth Century." In Van der Linden and Roth, *Beyond Marx*, 258-79.

Mies, Maria. *Patriarchy and Accumulation on a World Scale: Women in the International Division of Labor*. London: Zed Books, 2014 (1985).

Mies, Maria, and Vandana Shiva. *Ecofeminism*. London: Zed Books, 1993.

Mojab, Shahrzad, ed. *Marxism and Feminism*. London: Zed Books, 2015.

Moraga, Cherríe, and Gloria Anzaldua, eds. *This Bridge Called My Back: Writings by Radical Women of Color*. New York: Kitchen Table, 1983.

Morgan, Lewis H. *Ancient Society* (1877). 2021년 4월 1일 접속. https://www.marxists.org/reference/archive/morgan-lewis/ancient-society/index.htm.

Musto, Marcello. *The Last Years of Karl Marx: An Intellectual Biography*. Palo Alto, CA: Stanford University Press, 2016.

Negri, Antonio. *Marx beyond Marx: Lessons on the Grundrisse*. Edited by Jim Fleming. Translated by Harry Cleaver. Brooklyn: Autonomedia, 1991.

Ollman, Bertell. *Dialectical Investigations*. New York: Routledge, 1993.

Pelz, William A. "Capital and the First International." In Ingo Schmidt and Carlo Fanelli, eds. *Reading "Capital" Today*. London: Pluto Press, 2017.

Pinchbeck, Ivy. *Women Workers and the Industrial Revolution: 1750-1850*. New York: F.S. Crofts & Co, 1930.

Robinson, Cedric. J. *Black Marxism: The Making of the Black Radical Tradition*. Chapel Hill: North Carolina University Press, 1983.

Rosdoldsky, Roman. *The Making of Marx's "Capital."* London: Pluto Press, 1977.

Rosemont, Franklin. "Karl Marx and the Iroquois." In *Arsenal: Surrealist Subversion*. Chicago: Black Swan Press, 1989, 201-13.

Rowbotham, Sheila. *Woman's Consciousness, Man's World*. Baltimore: Penguin Books, 1973.

_____. *Women, Resistance, and Revolution*. New York: Vintage Books, 1974.

Sachs, Wolfgang, ed. *The Development Dictionary: A Guide to Knowledge as Power*. London: Zed Books, 1993.

Salleh, Ariel. *Ecofeminism as Politics: Nature, Marx and the Postmodern*. London: Zed Books, 1997.

Sarkar, Saral. *Eco-Socialism or Eco-Capitalism? A Critical Analysis of Humanity's Fundamental Choices*. London: Zed Books, 1999.

Seccombe, Wally. "The Housewife and Her Labour under Capitalism." *New Left Review* no. 83 (January-February 1974): 23.

_____. "Patriarchy Stabilized: The Construction of the Male Breadwinner Wage Norm in Nineteenth-Century Britain." *Social History* 11, no. 1 (January 1986): 11, 53-76.

_____. *Weathering the Storm: Working-Class Families from the Industrial Revolution to the Fertility Decline*. London: Verso, 1993.

Shanin, Teodor. *Late Marx and the Russian Road: Marx and the "Peripheries" of Capitalism*. New York: Monthly Review Press, 1983.

Taylor, Barbara. "The Men Are as Bad as Their Masters . . .': Socialism, Feminism, and Sexual Antagonism in the London Tailoring Trade in the Early 1830s," *Feminist Studies* 5, no. 1 (Spring 1979): 7-40.

Thompson, E. P. *Customs in Common: Studies in Traditional Popular Culture*. New York: New Press, 1991.

Thurton, Roderick. "Marxism in the Caribbean." In *Two Lectures by Roderick Thurton: A Second Memorial Pamphlet*. New York: George Caffentzis and Silvia Federici, 2000.

Tomasello, Federico. *L'Inizio del lavoro: Teoria politica e questione sociale nella Francia di prima metá Ottocento*. Roma: Carrocci Editore, 2018.

Ulrich, Otto. "Technology." In Wolfgang Sachs, *The Development Dictionary*, 275-87.

United Nations Population Fund. *State of the World Population 2001*. New York: United Nations, 2001.

Van der Linden, Marcel, and Karl Heinz Roth, eds. *Beyond Marx: Theorizing the Global Labor Relations of the Twentieth-First Century*. Leiden, NL: Brill, 2014.

Vercellone, Carlo. "From Formal Subsumption to General Intellect: Elements for a Marxist Reading of the Thesis of Cognitive Capitalism." *Historical Materialism* 15, no. 1 (2007): 13-36.

Vogel, Lisa. "The Earthly Family." *Radical America* 7, nos. 4-5 (July-October 1973).

Wallach Scott, Joan. *Gender and the Politics of History*. New York: Columbia University Press, 1988.

Weatherford, Jack. *Indian Givers: How the Indians of the Americas Transformed the World*. New York: Fawcett Books, 1988.

Weigand, Kate. *Red Feminism: American Communism and the Making of Women's Liberation*. Baltimore: Johns Hopkins University Press, 2001.

Workers Fight no. 79 (December 1974-January 1975).

Worldwatch Institute. "State of the World 2011: Innovations That Nourish the Planet" (press release), June 16, 2014. 2021년 4월 2일 접속. http://www.environmentandsociety.org/mml/state-world-2011-innovations-nourish-planet.

Zaretsky, Eli. "Socialist Politics and the Family." *Socialist Revolution* 3, no. 19 (January-March 1974).

옮긴이의 글

이 책은 페미니스트 저술가이자 교사·투사이기도 한 실비아 페데리치(1942~)의 *Patriarchy of the Wage: Notes on Marx, Gender, and Feminism*(Oakland, CA: PM Press, 2021)을 우리말로 번역한 것이다. 《임금의 가부장제》라는 제목이 잘 보여주듯 이 책은 20세기 초에 새롭게 등장한 비공식적인 성적 계약과 가부장적 질서에 대한 비판 및 자본주의 발전의 구조적 요소로서 성차별주의는 여성이 공장에 들어가 임금 노동자가 된다고 해서 제거될 수 있는 성질의 것이 아니라는 점을 조망하는 데 그 목적이 있다. 즉, 페미니스트는 마르크스가 재생산 노동에 대한 무지로 자본주의 자체에 할당한 해방적 역할에 의문을 제기하며 새로운 변혁의 길을 찾아 나서야 한다는 것이 페데리치의 메시지다.

1장에서 7장에 이르는 7편의 논문은 1970년대 중반부터

2020년까지 폭넓은 시간대에 걸쳐 쓴 것이다. 그럼에도 가사 노동 임금 캠페인을 그 출발점으로 하는 페데리치의 분석은 아주 일관되게 자본주의에서 국가가 노동력 재생산을 위해 어떻게 여성·가족·섹슈얼리티에 대한 개입과 규제를 강화해나가는지를 면밀히 추적한다. 페데리치는 19세기 중반 유럽에서 임금 노동이 제도적으로 인정받는 유일한 노동 형태로 자리 잡는 과정, 임금 노동이 생산 영역을 독점해나가는 과정, 그럼으로써 재생산이 노동이 아닌 것으로, 즉 비노동과 비생산의 영역으로 배제되어가는 과정에 대한 역사적 재구성을 바탕으로, 페미니즘 관점의 혁명은 '공장'이 아니라 '부엌'에서 시작되어야 한다고 강조한다.

이처럼 '임금의 가부장제'가 갖는 한계에 주목하며 '부엌으로부터의 혁명'으로 나아갈 것을 제안하는 페데리치의 논의는 '전환의 시대'를 맞은 오늘날의 한국 사회에도 풍부한 시사점을 건네준다. 코로나19라는 전 지구적 재난과 기후 및 돌봄 위기 등을 비롯한 복합 혹은 다중 위기에 직면해 지금까지와는 다른 사고와 인식이 필요하며, 삶을 꾸려나가는 데서도 근본적으로 다른 접근이 필요하다는 목소리가 점차 커지고 있기 때문이다. 이런 문제의식에서 볼 때 무엇보다 시급한 것은 자본주의라는 이름으로 불리는, 우리 삶의 구석구석을 잠식해 들어가고 있는 독특한 상품 생산 체제에 대한 반성적 고찰이다.

자본주의라고 하는 체제는 삶·생활·생명에 적대적이다. 모든 것을 비용으로만 간주하기 때문이다. 그것이 인간의 노동력이든 자연의 산물이든 최대한 저렴한 가격을 지출해 최대한 높은 이윤을 뽑아내는 것을 그 목적으로 하는 체제이기 때문이다. 이처럼 '비용은 적게, 이윤은 높게'를 외치는 체제에서는 인간을 비롯해 지구상에 존재하는 모든 살아 있는 것들에 우리가 관심을 갖고 보살피는 활동으로써 재생산과 돌봄의 가치에 주의를 기울이기는 쉽지 않다. 재생산과 돌봄은 이윤이 아니라 삶·생활·생명의 지속과 유지를 통한 좋은 삶을 그 목적으로 하는 활동이기 때문이다.

오늘날 한국 사회가 초저출산·초고령화 문제에 직면한 건 어찌 보면 '경제 성장'이라는 이름 아래 이런 '이윤 중심 사회'를 향해 앞뒤 돌아보지 않고 달려온 결과일 수 있다. 이윤 중심 사회로서 한국 사회의 대표적 자화상 중 하나는 '수도권 중심 사회'라는 점이다. 내적으로 보자면, 사람·자원·에너지를 비롯한 모든 것이 수도권으로 향하는 가운데, 지역은 수도권의 높은 생활 수준 유지와 확보를 위한 내적 식민지로 전락한 지 오래다. 외적으로 보자면, 좋은 삶을 위해서는 재생산과 돌봄 책임을 모든 시민이 함께 나누어야 함에도, 최근 '필리핀 이모'의 사례에서처럼 비용 절감을 위해 여성의 값싼 노동에 기대는 방식으로, 이제 남반구를 외적 식민지로 만들고 있다.

이런 시대적 맥락에서 한국 사회에 무엇보다 시급한 과제 중 하나는 재생산과 돌봄이 갖는 가치에 대한 재평가를 바탕으로 삶·생활·생명이 중심이 되는 사회, 즉 '재생산 중심 사회' 혹은 '돌봄 중심 사회'로의 전환을 통해 '이윤의 생산'이나 '상품의 생산'이 아닌 '삶의 생산'이 우리 일상에서 핵심적 위치를 차지하도록 하는 일이다. 이를 위해서는 페데리치가 이 책에서 강조하듯 노동이란 무엇인지, 생산이란 무엇인지, 경제란 무엇인지를 비롯해 지금까지 우리가 자명하다고 여겨온 기본적인 개념들에 대한 근본적 질문이 선행되어야 한다. 누가 이런 개념들에 대한 정의를 내려왔는지, 왜 재생산과 돌봄은 지금까지의 경제에서 주요한 개념으로 간주되지 않았는지 질문하며, 이윤을 위한 활동이 아니라 삶을 지탱하는 활동으로 무게 중심을 옮겨야 한다.

이 책은 계명대학교 여성학연구소가 2022년 9월 교육부와 한국연구재단의 인문사회연구소지원사업에 신규 선정되어 '전환의 시대, 지역, 여성 그리고 삶의 생산'을 주제로 다년간에 걸친 연구를 진행 중인 가운데, 연구사업단이 발간하는 번역총서 제3권에 해당한다. 제1권 《마을과 세계: 에코페미니스트 마리아 미즈의 삶과 시대》, 제2권《자본주의와 페미니즘: 두 페미니스트의 서로 다른 시선》이 지닌 문제의식의 연장선상에 있는 이 책은 젠더의 렌즈로 자본주의적 성장 경제가 갖는 한계를 비판하는 한편, 재생산과 돌봄의 중요성으로 우리의 시선을 돌림으로써 좋은 삶을 향한 대안적 전망을 탐색하고자 하는 노력의 일환이다. 이번 번역총서의 발간을 계기로 한국 사회에서 새로운 미래를 향한 다양한 상상이 더욱 풍부하게 이루어지길 희망해 본다.

2025년 6월

안숙영

찾아보기

ㄱ

가부장제 125~126
　마르크스와 - 55, 67, 112~115, 128~131
가사 노동 8~9, 14~41, 50~52, 86~87, 89~90, 107
　기계화 100
　마르크스 57~71, 86~92, 112, 140~141, 185(21), 192(20)
　-의 사회화 47~50
　인먼 133
　19세기 영국 137~151
　→ 가사 노동 임금 캠페인; 성 노동(가사 노동); 육아도 참조
가사 노동 임금 캠페인 14, 17~18, 21~22, 37, 39~40

　마르크스와 - 57~58
　-에 대한 반대 52
가정주부 19~33, 72, 91, 112, 156
　로페이트의 견해 41~42
　성 노동 171
　세컴의 견해 46
　-에 관한 마셜 144
　-에 관한 자레츠키 51
　영국 137~138, 145~149
　제임스의 견해 73~74
가족 27~28, 32, 49~50, 90, 100, 147~148, 185(29)
　마르크스와 - 55, 63~64, 71, 74, 87, 112~115, 120, 128~129, 182(3), 185(18)
'가족 임금' 112, 126, 128~129, 138, 146

간호 로봇과 러브로봇 99
결혼법   125, 193(27), 202(32)
　→ 이혼도 참조
계급 투쟁   16, 18, 44, 47, 69, 88, 94
《고대 사회》(모건)   13, 189(4)
고드프리 강심제   65, 140, 142, 206(14)
고르, 앙드레   95, 195(37)
공공 위생
　19세기 영국   142, 147~148, 159~160
공동체주의   102, 104~105, 189(4)
《공산당 선언》(마르크스와 엥겔스)
　13, 106, 113, 182(3)
공장 노동   66, 72, 91, 103, 154~155, 187(38)
　여성   59~74, 90~91, 118, 125, 129, 137~151, 153~158, 188(41)
　19세기 영국   142, 156
공장법(영국)   91, 184(17)
　→ 10시간법도 참조
광산(채광)   97, 135
　19세기 영국   143, 146
국가   107~108
그람시, 안토니오   19, 50
그랜터, 에드워드   195(37)

글로벌화   111, 135, 200(14)
기계와 기계화   95~96, 98~99, 197(60)
기대 수명
　19세기 영국   141~142
기메네즈, 마르타   56
기술   25, 39, 76, 91~92
　기계화 이전   101
　성적 -   174
　→ 기계와 기계화; 디지털 기술도 참조

ㄴ

남성 동성애   173
남성의 발기 부전   168
네그리, 안토니오   85
《마르크스 너머의 마르크스》   95, 190(5)
노동력의 가치   63, 192(16)
노동 시장   33~34
노동일   33, 37, 88, 91, 153
노동조합   52, 68, 150, 187(36)
　가부장제   126
　가족 임금과 -   138
노예 제도   63, 164, 202(31)
농업   100

도시 - 196(51)
　마르크스의 견해 100, 195(41)
　-의 산업화 77, 96, 98
　전(前) 자본주의적 - 101
　19세기 영국 143
니컬스, 메리 164~166

ㄷ

달라 코스타, 마리아로사 17, 73, 86, 179(6)
《대지의 저주받은 자들》(파농) 191(9)
《독일 이데올로기》(마르크스와 엥겔스) 79, 182(3)
돌봄 노동 99, 107
　→ 육아도 참조
동성애 170, 173
동의 나이 209(2)
두덴, 바르바라 188(41)
디지털 기술 16, 78

ㄹ

러시아 48~49, 53, 189(4)

레닌, 블라디미르 12
《레미제라블》(위고) 121
로, 해리엇 127, 129
로드, 오드리 109
로보섬, 실라 118
로트, 카를 하인츠 177(5)
로페이트, 캐럴
　〈여성과 가사 비용 지급〉 21~42, 178(1)
론, 주디
《여성과 산업화》 126
《루이 보나파르트의 브뤼메르 18일》(마르크스) 118
룸펜 프롤레타리아 118, 123
린던, 마르설 판데르 177(5)

ㅁ

마녀사냥 75, 102
마르크스, 카를 7~16, 26~27, 32, 55~109, 111~135, 177(3, 5), 182~205
　가사 노동 57~71, 86~92, 112, 140~141, 185(21), 192(20)
　가족과 - 55, 63~64, 71, 74, 87, 112~115, 120, 128~129, 182(3),

185(18)
《공산당 선언》 13, 106, 113, 182(3)
《독일 이데올로기》 79, 182(3)
《루이 보나파르트의 브뤼메르 18일》 118
룸펜 프롤레타리아 118, 123
'소외된 노동' 205(48)
'자연법칙' 72, 130, 151
《정치경제학 비판 요강》 81, 95, 112, 115, 134, 190(5)
→《자본론》도 참조
마르크스주의자와 마르크스주의 11~15, 26, 55~65, 73~95, 106, 114~115, 132~135
 생산 노동에 관한 - 201(21)
 파농 83, 191(9)
마셜, 앨프리드 144~145, 187(38), 207(22)
마스터스, 윌리엄 173
마이어, 알리히 123
모건, 루이스
 《고대 사회》 13, 189(4)
모잡, 샤흐르자드 14
무급 노동 10, 17~46, 74, 88~89, 122, 134
 → 가사 노동도 참조

미국 24~25, 38, 53, 72, 83, 127
 -공산당 133
 남북전쟁 65, 87, 140
 노예 제도 63
 마르크스의 견해 65~66
 성 노동(가사 노동) 170~171
 여성 공장 노동자 71~72
 이혼 163~164, 172
 임신 중단 반대 운동 200(14)
 제2차 산업 혁명 143~144
 출산율 164
 포드주의 146
미국공산당 133
미즈, 마리아 76, 86, 106

ㅂ

반란 38, 50, 90, 123~124
 가사 노동에 저항하는 - 73, 92
 억압 197(60)
 프랑스 121
베벨, 아우구스트 92
 《사회주의하에서의 여성》 77
보걸, 리즈 51
보육원 → 유아: 주간 보육원 참조

보크, 기젤라　188(41)
'보호법'(여성의 노동)　72, 126, 156
부부간 성관계　153~176
불감증(심리학)　172
브라운, 헤더 A.　204(45)
블랙스톤, 윌리엄　202(32)

ㅅ

사유화　104
사회민주당(SPD)　133
사회적 부　12, 38, 106
사회적으로 필요한 노동　52, 92~94, 99
사회적 재생산 이론(마르크스)　58
《사회주의하에서의 여성》(베벨)　77
산아 제한 → 피임 참조
산업 노동 → 공장 노동 참조
산업화　10, 70~71, 77, 92~101, 130~131
　노동의 -　92
　성매매와 -　154
살레, 아리엘　76, 86, 96, 106
생산성　26, 36~37, 47, 146
생시몽주의자　185(29), 202(23)

성 노동(가사 노동)　153~176
　-에 대한 저항　163~168
성 노동자와 성 노동(성매매)　118, 148~149, 155, 171, 209(3), 210(6)
성적 노동 분업　29, 62, 75, 85, 87, 185(18)
성차별주의　15, 30, 34, 43, 89, 109
'성 해방'　170, 174~175
세컴, 월리　46, 133, 142, 206(6)
《폭풍우를 헤쳐 나가다》　138
섹스　63, 87, 99, 118, 153~176
　→ 출산도 참조
소매 시장　122, 147, 193(27)
소비　63, 89, 147
술집(선술집)　140~141, 150, 170~171, 206(6)
스콧, 조앤 월러치　185(29)
식량 폭동　122

ㅇ

아내 매매　124~125, 202(31), 203(33)
아내 보호 시스템　125, 202(32)
아동 노동　59~61, 142~143, 146
아메리카 원주민　78, 101, 104~105,

189(4)
아버지에 의한 지배 → 가부장제 참조
'암컷 여성' → 아내 보호 시스템 참조
애슐리 경 201(17)
액튼, 윌리엄 149, 158~159, 209(3)
어머니와 어머니됨 67, 118, 169~170, 187(38), 192(20)
　공장 노동과 - 27, 65~67, 184(17)
　《레미제라블》에서의 - 157~158
　미국 24~25
　성 노동 159~161
　-에 관한 마셜 144~145, 207(22)
　-의 기계화 99
　-의 불행 31
　19세기 영국 142~145
에코페미니즘 76, 86
엥겔스, 프리드리히 66, 70, 127, 185(21)
　《공산당 선언》 13, 106, 113, 182(3)
　《독일 이데올로기》 79, 182(3)
　《영국 노동자 계급의 상태》 91
여가 25, 33, 95, 141
〈여성과 가사 비용 지급〉(로페이트) 21~22
여성 오르가슴 173
여성 운동 43, 52, 73~75

여성의 가사 노동 → 가사 노동 참조
여성의 섹슈얼리티 153~176
여성의 재생산권 → 임신 중단; 피임 참조
여성의 존중 149
영국 72~73, 124~125, 143, 193(27)
　결혼법 125, 193(27), 202(32)
　공공 위생 142, 147~148, 159~160
　공장법 91, 184(17)
　공장 조사관 59, 112, 142, 156
　기대 수명 141~142, 154
　성매매 158~159, 209(3)
　아내 매매 124~125
　여성 노동자 59, 61, 66, 87, 137~151, 153~158
　이혼 172
　임금 91, 139
　출산율 164
오닐, 윌리엄 163~164
우드힐, 빅토리아 128, 204(41)
울리히, 오토 98
원시적 축적 75~76, 81, 97
원주민 104~105, 135
　→ 아메리카 원주민도 참조
위고, 빅토르
　《레미제라블》 121

유아

    사망률 144~145, 207(22)

    영양실조 140, 142~143, 206(14)

    주간 보육원 147

육아 67, 85, 87, 91, 134

    유급 - 147

의무 교육 146

이주 노동자 34, 117, 123

이탈리아

    성매매 여성의 자녀 161

이혼 163~164, 167, 172

인먼, 메리

    《여성의 변호》 133

인종차별주의 10~11, 34, 41, 83, 89

임금 62~63, 125~126

    남성의 - 112, 138, 144~151, 155

    여성의 - 209(3)

    영국 91, 125

    요구 35~38

    → '가족 임금'도 참조

임금 노동에 대한 특권적 지위 121

임신 116, 145, 165, 175

    -의 공포와 회피 143, 160

임신 중단 116, 143, 200(13)

잉여 노동 8, 37, 62, 72

ㅈ

자급 농업 → 농업: 도시 참조

자동화 78, 92, 95, 98~99, 190(5)

자레츠키, 엘리 51~52

《자본론》(마르크스) 55~78, 115~131, 177(5), 192(20), 193(26), 195(41)

    네그리와 카펜치스의 견해 190(5)

    노동력의 가치 192(16)

    미출간 권 13, 177(5)

    사회적 필요 노동 194(31)

    아동 노동 202(31)

    억압적 기계 197(60)

    여성 노동자 119

《자본론》에서의 젠더(마르크스) 55~78

자연에 대한 마르크스의 견해 69~70, 76, 83~84, 96, 191(12)

재생산권

    미국 200(14)

    → 임신 중단; 피임도 참조

재생산 노동 9, 24, 82~91, 100, 107

    마르크스 56~73, 88~89, 98~99, 111~135, 200(11~12), 201(21), 205(48)

    영국 139

-의 기계화 99
→ 가사 노동; 출산도 참조
잭슨, 스티비 82
《정치경제학 비판 요강》(마르크스)
   81, 112, 115, 190(5)
   '기계에 관한 단편' 95, 112, 134
제임스, 셀마 17, 74, 86
제1인터내셔널(국제노동자협회, IWA)
   10, 57, 114, 127~129, 203(40)
제2차 산업 혁명 143~144, 154~155
'제3세계' 19~20, 34
존슨, 버지니아 173
'중국 모델' 47

ㅊ

체트킨, 클라라 133
출산 87, 99, 116~118, 153, 155
   → 임신; 피임도 참조

ㅋ

카펜치스, 조지 190(5)
커먼즈 80, 84, 96~109

코벨, 조엘 191(12)
코프, 아나톨 48
클리버, 해리 68, 186(32), 187(35)
킨제이 보고서 172

ㅌ

테일러주의 155, 162, 170, 177(3)
톰슨, E. P. 203(33)
트로츠키주의 51, 53

ㅍ

파농, 프란츠 83
《대지의 저주받은 자들》 191(9)
파리 코뮌 13
페미니즘 7~14, 43~44, 52~53, 56~
   57, 73, 75, 82~92, 105, 131
   사회주의 운동과의 갈등 114, 203
      (40)
   19세기 125, 127~128, 203(40)
포드주의 73, 146, 170
포르투나티, 레오폴디나 86, 192(20),
   194(32)

포스터, 존 벨라미 119~120
《폭풍우를 헤쳐 나가다》(세컴) 138
푸리에, 샤를 67, 182(3)
프랑스 59, 121~122, 159
프랑스 혁명(1830년) 121
프로이트, 지크문트 168~170
플레이스, 프랜시스 199(9)
피임 64, 116, 133, 174, 199(9)

헤닝거, 막스 200(11)
헤이든, 돌로레스 92, 196(49)
협력적인 노동 시스템 102, 107
홀러웨이, 존
  《권력을 잡지 않고 세상을 바꾸라》
  108
환경 94, 134
휴잇, 마거릿 150, 206(14)
흑인들의 투쟁 35, 38, 41, 89~90

ㅎ

하르트만, 하이디 80
하욱, 프리가 183(4), 185(21)

10시간법(영국, 1847) 141, 146, 201
  (17)